Niederlassungen führen

Patrick Renz · Nikola Böhrer · Marc K. Peter

Niederlassungen führen

Mit Subsidiary Governance zum Erfolg

2., überarbeitete und erweiterte Auflage

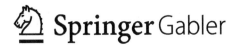

Patrick Renz
Hochschule für Wirtschaft
Fachhochschule Nordwestschweiz
Olten, Schweiz

Nikola Böhrer
Zürich, Schweiz

Marc K. Peter
Hochschule für Wirtschaft
Fachhochschule Nordwestschweiz
Olten, Schweiz

ISBN 978-3-662-66202-1   ISBN 978-3-662-66203-8   (eBook)
https://doi.org/10.1007/978-3-662-66203-8

Die Deutsche Nationalbibliothek verzeichnet diese Publikation in der Deutschen Nationalbibliografie;
detaillierte bibliografische Daten sind im Internet über http://dnb.d-nb.de abrufbar.

Planung/Lektorat: Christine Sheppard
Springer Gabler ist ein Imprint der eingetragenen Gesellschaft Springer-Verlag GmbH, DE und ist ein Teil von
Springer Nature.
Die Anschrift der Gesellschaft ist: Heidelberger Platz 3, 14197 Berlin, Germany

Vorwort zur 2. Auflage

Swiss export hat sich in den letzten fünfzig Jahren zur größten privaten Export-förderungsorganisation und zu einem starken Partner für schweizerische und liechtensteinische Unternehmen entwickelt. Durch den intensiven Kontakt mit allen wichtigen Absatzmärkten der Welt kennen wir die Herausforderungen, denen insbesondere global tätige Klein- und Mittelunternehmen in der Führung, Kontrolle und Motivation von ausländischen Niederlassungen gegenüberstehen.

Die Internationalisierung von Unternehmen ist heute vielfach wettbewerbs-kritisch. Denn einerseits drängen ausländische Unternehmen in den Heimmarkt, anderseits intensiviert sich der Wettbewerb global. Das Resultat aus den strategischen Überlegungen zur Positionierung, dem Marketingmix, der Digitalisierung und den Vertriebskanälen ist in vielen Fällen der Entscheid, eine oder mehrere eigene Niederlassungen in den Zielmärkten aufzubauen.

Aufgrund der geografischen aber auch vielfach kulturellen Distanz zum Hauptsitz wird es notwendig, eine eigene Strategie für die Führung, Kontrolle und Motivation der Niederlassungen zu entwickeln. Die Governance der Niederlassung spielt dabei eine entscheidende Rolle. Der Hauptsitz möchte sicherstellen, dass die Niederlassung erfolgreich positioniert ist und erfolgreich operiert. Dabei sollen Themen wie Strategie, Führung, Kultur, Risikomanagement, Innovationskraft, Nachhaltigkeit, Digitalisierung und Umsetzungsexzellenz berücksichtigt werden.

Das vorliegende Handbuch der Autorengruppe Patrick Renz, Nikola Böhrer und Marc K. Peter bietet eine Orientierungs-, Planungs- und Umsetzungsbasis mit dem Subsidiary Governance Modell. Es entstand unter Beteiligung vier international tätiger Unternehmen (Schindler-Konzern, Schurter-Gruppe, Balthasar-Gruppe und Topakustik) und zeigt, wie sowohl Grundlagenthemen als auch messbare Zielgrößen (Resultate) in einer Strategie für die Führung von Niederlassungen berücksichtigt werden. Dieses kann für die Führung von Niederlassungen im In- und Ausland eingesetzt werden.

Der Verband swiss export setzt sich für die praxisorientierte Vermittlung von aktuellem Wissen und für die Vernetzung von Unternehmen im Außenhandel ein. Dabei steht die Verbesserung der Wettbewerbsfähigkeit und der Rahmenbedingungen im Zentrum unseres Handelns. Es freut mich deshalb sehr, dieses Buch all jenen Unternehmen zu empfehlen, welche Niederlassungen erfolgreich führen möchten.

Claudia Moerker
Geschäftsleiterin Verband swiss export

Vorwort zur 1. Auflage

In einer internationalisierten Wirtschaft treten neue Managementherausforderungen zu Tage; so auch die Frage, wie das Mutterhaus mit Töchtern im Ausland umgeht. Grundlegende Gestaltungsprinzipien sind auszuhandeln, wie z. B. Zentralisierung versus Dezentralisierung oder Standardisierung versus Autonomie. Die in diesem Buch behandelte Frage ist jene der Führung oder Steuerung von Auslandsniederlassungen. Aussagen seitens der Konzernzentrale wie „wir haben die beste Person vor Ort" oder „sie kennen ihren Markt selber gut genug" lassen auf Vertrauen schließen. Andere Aussagen bringen ein Unbehagen über mangelnde Einflussmöglichkeiten und Misstrauen zum Ausdruck: „Es läuft nicht so, wie ich es mir erhofft habe" oder „es ist nicht wirklich klar, was sie da eigentlich machen".

In diesem Buch wird die Perspektive der Gesamtunternehmensleitung eingenommen und mit der Sicht der Niederlassungsführung verbunden. Daraus wird besonders ersichtlich, in welchen Spannungsfeldern ganzheitlich verstandene Governance mit operationalen Realitäten steht. Ein Verwaltungs- oder Aufsichtsrat hat einerseits seine gesetzlich verbriefte Aufsichtspflicht wahrzunehmen. Andererseits ist es mittlerweile schon beinahe ein Gemeinplatz, dass Vertrauen und das Gewähren von Autonomie wesentliche Voraussetzungen für die Unternehmensentwicklung und damit auch die Entwicklung von Niederlassungen im Ausland sind. Aber was ist, wenn etwas schief geht, wenn sich Niederlassungen nicht an strategische Vorgaben halten, wenn man in der Konzernzentrale den Eindruck hat, die Niederlassung entwickle sich am Markt vorbei? Diesen und vielen weiteren wichtigen Fragen widmet sich dieses Buch. Es bietet dem Leser und der Leserin viele Einsichten und konkrete, praktische und vor allem auch praktikable Hinweise. Die Erkenntnisse zu diesem Buch entstanden im Rahmen eines mehrjährigen Forschungsprojektes mit dem Titel „Subsidiary Governance", welches am Institut für Betriebs- und Regionalökonomie IBR der Hochschule Luzern – Wirtschaft entwickelt und realisiert wurde. Vier international tätige Unternehmen beteiligten sich während mehrerer Jahre am Projekt: der Schindler-Konzern, Ebikon (Aufzüge und Fahrtreppen), die Schurter Gruppe, Luzern (Elektronik und Elektrotechnik), die Balthasar-Gruppe, Hochdorf (Kerzen, Kosmetik und Haushaltsartikel) und Topakustik, Lungern (ästhetische und akustische Elemente zur Raumgestaltung). Das Forschungsvorhaben wurde zu wesentlichen Teilen von der eidgenössischen Kommission für Technologie und Innovation (KTI) finanziert.

Unser Dank gilt den genannten Wirtschaftspartnern für die ausgezeichnete Zusammenarbeit in diesem Projekt. Als Fachhochschule sind wir auf Forschungs-partnerschaften mit Unternehmen angewiesen, um innovative Ansätze mit der Praxis zu entwickeln und zusammen zur erfolgreichen Umsetzungsreife zu bringen. Die vier Wirt-schaftspartner haben uns darin mit ihrem Vertrauen und ihrem Engagement sehr unter-stützt. Nicht nur dies, sie haben die Erkenntnisse und Ergebnisse aus dem Projekt sehr gut für die Führung von Niederlassungen im Ausland nutzen können. Wir danken ebenso der Kommission für Technologie und Innovation (KTI), die diese Forschungs- und Ent-wicklungsarbeit ermöglichte.

Das hier vorliegende Handbuch ist ein Leitfaden für Führungskräfte aller Stufen, die sich mit der Steuerung und Koordination zwischen der Konzernzentrale und einer ausländischen Niederlassung befassen. Durch diese die Führungsebenen übergreifende Sicht wird der Mehrwert hinsichtlich der Führung in internationalen Firmen greifbar. Durch den ganzheitlichen Ansatz ist das in diesem Buch dargestellte Governance- und Führungsmodell für Wissenschaftler und Studierende gleichermaßen relevant.

Wir gratulieren dem Projektleiter, Prof. Dr. Patrick Renz, und der wissenschaftlichen Mitarbeiterin, Dr. des. Nikola Böhrer, zu ihren erkenntnisreichen und praxisrelevanten Resultaten. Die Arbeit wird zum einen dem Anspruch an Wissenschaftlichkeit und zum anderen an praktischer Umsetzbarkeit gerecht. Die beiden Autoren haben sich dieser Herausforderung erfolgreich gestellt.

Prof. Dr. Christoph Hauser und
Prof. Dr. Erik Nagel
Co-Leiter Institut für Betriebs- und Regionalökonomie
IBR der Hochschule Luzern – Wirtschaft

Inhaltsverzeichnis

Über die Autoren

Prof. Dr. Patrick Renz studierte Wirtschaftsinformatik und Betriebswirtschaft an der Universität Zürich und promovierte an der Universität St. Gallen zum Thema „Project Governance – What Nonprofit Organizations can learn from Corporate Governance and Business Ethics". Er hat über 20 Jahre internationale Praxiserfahrung, in verschiedenen Führungspositionen bei Procter & Gamble in Europa und Lateinamerika, als CEO von internationalen Informatik- und Beratungsfirmen und als Leiter von Nonprofitorganisationen. Er spricht 6 Sprachen, hat in 10 Ländern gewohnt und in über 40 Ländern gearbeitet.

Seit 2006 ist Patrick Renz als Professor und Forschungsprojektleiter tätig. Aktuell ist er Management-Board-Mitglied der FHNW Hochschule für Wirtschaft, verantwortlich für Forschung, Weiterbildung und Dienstleistung. Seine Kompetenzschwerpunkte liegen in den Bereichen Governance, strategisches Management, Leadership, Project Governance, Integritätsmanagement und Entrepreneurship. Aus dem Forschungsprojekt „Subsidiary Governance" entstand ein Spin-off, welches Wirtschaftsunternehmen in der Internationalisierung berät (www.subsidiarygovernance.ch). Patrick Renz ist Gastdozent verschiedener Universitäten und Aufsichtsratsmitglied und Berater verschiedener nationaler und internationaler Organisationen.

Kontakt: patrick.renz@gmx.net

Dr. Nikola Böhrer studierte Betriebswirtschaft mit Schwerpunkt Strategisches Management an der Universität St. Gallen (HSG) und promovierte dort zur Rolle von Boards ausländischer Tochtergesellschaften. Innerhalb ihrer Forschungszeit hat sie zahlreiche Publikationen im Bereich Corporate Governance, Innovationsmanagement sowie Führung und Wissensmanagement veröffentlicht. Ihre Forschungsergebnisse im Bereich Corporate Governance stellte sie an Konferenzen in diversen Ländern vor. Darüber hinaus war sie Reviewerin im Bereich Corporate Governance der European Academy of Management.

Nikola Böhrer hat mehrere Jahre in strategischen Stabsstellen international tätiger Konzerne gearbeitet mit Schwerpunkt Strategieentwicklung und -implementierung sowie Projektmanagement und Prozessoptimierung. Sie war in der Geschäftsleitung eines

Start-ups in der Gesundheitsbranche und ist aktuell stellvertretende Bereichsleiterin für Prozessmanagement und Automatisierung einer Schweizer Krankenversicherung.

Kontakt: nikola.boehrer@gmx.ch

Prof. Dr. Marc K. Peter studierte E-Business Engineering an der Berner Fachhochschule, Finanzwissenschaften an der UC Berkeley und Marketing an der Universität Basel. Er promovierte an der Charles Sturt University zum Thema Strategic Corporate Foresight. Er ist Fellow der British Computer Society und des Chartered Institute of Marketing.

Vor seiner Tätigkeit an der FHNW arbeitete Marc K. Peter in leitenden Stellungen bei den KMU Hogrefe & Huber und Der Bund Verlag sowie bei den Großunternehmen PostFinance, eBay, E*TRADE und LexisNexis in den Bereichen Strategie, Technologie, Vertrieb und Marketing in Europa und Asien-Pazifik. Als Geschäftsleiter von LexisNexis Pacific hat er während sechs Jahren eine ganzheitliche, digitale Transformation mit 380 Mitarbeitenden durchgeführt, welche neue, digitale Geschäftsfelder eröffnete und Prozesse optimierte, um die Wertschöpfung nachhaltig zu erhöhen.

An der FHNW Hochschule für Wirtschaft leitet Marc K. Peter Forschungsprojekte zur digitalen Transformation, Arbeitswelt 4.0, Cybersicherheit und Strategieentwicklung im digitalen Zeitalter.

Kontakt: mkp@mkpeter.com

Weshalb Subsidiary Governance?

Durch die zunehmende Internationalisierung von Unternehmen wird das Führen über die Landesgrenzen hinaus immer wichtiger. Internationalisierung ist heutzutage für Unternehmen unabhängig von ihrer Größe beinahe eine Grundvoraussetzung, um erfolgreich zu sein. Ziele, die ein Unternehmen mit der Internationalisierung verfolgt, sind bspw. Wachstum durch Erschließung neuer Märkte oder das Auslagern von Teilen der Wertkette und damit die Konzentration auf Kernkompetenzen. Die Digitalisierung bzw. digitale Transformation hat die Möglichkeiten zur Internationalisierung noch stark vergrößert. Zur Erreichung dieser Ziele werden ausländische Niederlassungen *(englisch: subsidiaries)* gegründet oder Partnerschaften mit Unternehmen anderer Länder eingegangen. Dies bringt einige Herausforderungen mit sich, die nicht nur operativer Natur sind, sondern auch Grundsatzfragen tangieren: Wird die neue Niederlassung wie ein eigenständiges Unternehmen behandelt, oder sind klare Unterordnungsverhältnisse angedacht? Wer trägt welche Verantwortung und wird in welchem Ausmaß in Entscheidungsprozesse integriert? Welche Auswirkungen hat die digitale Transformation auf Niederlassungen und wie verändert sich die Zusammenarbeit mit diesen? Über welche digitale Reife verfügen die Niederlassungen, um im digitalen Zeitalter wettbewerbsfähig zu sein? Welche Kommunikationsprozesse werden zwischen Subsidiaries und Stammhaus implementiert? Auf welchen ethischen Grundprinzipien baut das Unternehmen auf und wie gelingt es, diese in sämtlichen Subsidiaries zu verankern? All dies sind Subsidiary-Governance-Fragen, deren Beantwortung zu einer guten Integration der Subsidiaries in die Gesamtunternehmung und damit in die Gesamt-Governance führen soll.

Subsidiaries stellen einen substanziellen Bestandteil eines Unternehmens dar; häufig machen sie sogar den größten Anteil des Firmenvermögens aus. Somit ist die Governance dieser Subsidiaries essenziell zum Schutz von Vermögen und Interessen der Subsidiary Anteilseigner *(englisch: shareholder)*. Das Mutterhaus ist dabei oft

© Der/die Autor(en) 2023
P. Renz et al., *Niederlassungen führen*, https://doi.org/10.1007/978-3-662-66203-8_1

der größte Shareholder. Doch gute Subsidiary Governance soll nicht nur dem Schutz von Vermögen und Aktionärsinteressen dienen. Subsidiaries entwickeln einzigartige Kompetenzen und Fähigkeiten aufgrund ihrer Nähe zu den Märkten und aufgrund des unterschiedlichen Umfeldes, in denen sie agieren. Personen mit spezifischem Wissen und wertvoller Erfahrung sind häufig nicht in der Zentrale, sondern an internationalen Standorten zu finden, wo dieses spezialisierte Wissen als Antwort auf lokale Marktbedürfnisse und Ressourcensituationen entwickelt wurde. Damit diese wertvollen Ressourcen wertgenerierend wirken, muss deren Führung und Kontrolle (= Governance) funktionieren. Bestehen hier Schwachstellen, kann es zu sogenannten Governance Gaps kommen (s. Abb. 1.1). Governance Gaps sind Diskrepanzen zwischen den normativ-strategischen Vorgaben des Stammhauses und der operativen Umsetzung auf Subsidiary-Ebene (Renz et al. 2007).

Ein Beispiel eines solchen Governance Gaps wäre, dass das Mutterhaus vorgibt, zukünftig eine monatliche Risikoberichterstattung auf Abteilungsebene durchzuführen; die Tochtergesellschaft setzt diese aber nicht oder nur der Form halber um, weil sie vielleicht keinen eigenen Mehrwert erkennt. Derartige Gaps können ein Zeichen dafür sein, dass die Subsidiaries nicht umfassend in Führungsthemen der Mutter einbezogen werden. Gerade bei geografisch weit entfernten Subsidiaries, die große kulturelle Unterschiede mit sich bringen, brauchen international tätige Führungskräfte Sensibilität für mögliche Governance Gaps. Gleichzeitig eröffnet die Digitalisierung bzw. digitale Transformation weitere mögliche Gaps in Form von beispielsweise Datenstrategien und der Datenqualität, Wahl und Einsatz von Technologien und Investitionen in digitale Kommunikationskanäle. Governance Gaps sind auch der Ausdruck von gravierenden Asymmetrien zwischen Stammhaus und Töchtern, zum Beispiel

Abb. 1.1 Governance Gaps in der Umsetzung zwischen Führung und Niederlassungsmanagement

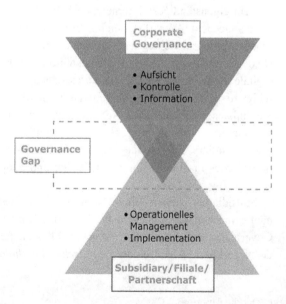

bezüglich Informationen oder bezüglich der internen Kommunikation schlechthin. Für die Unternehmung entstehen dadurch vielfältige Gefahren – hier nur einige Beispiele: Innovationspotenziale werden nicht erkannt, Marktchancen werden verkannt, Reputationsrisiken werden nicht identifiziert, das Risikomanagement wird nicht von der gesamten Organisation mitgetragen, die Aktionärsinteressen werden in Subsidiaries nicht sichergestellt, Unternehmen passen Verhaltensregeln nicht den lokalen Kontexten an. Derartige Governance Gaps gefährden den Erfolg der Internationalisierung oder der grenzübergreifenden Leistungserbringung grundsätzlich.

In unserer Arbeit als Forscher und Berater treffen wir immer wieder auf drei grundsätzliche Führungsprobleme, welche eine gute Performance und eine sinnvolle Einbindung der Niederlassungen in der Gesamtunternehmung verhindern:

- Ungenügende Verknüpfung der Gesamtunternehmens-Governance mit Subsidiary-Führungsthemen führt zu mangelhafter Einbindung der Subsidiaries in die Führungsthemen des Gesamtunternehmens
- Ungenügende Kommunikationsprozesse in beide Richtungen führen dazu, dass Subsidiaries die Vorgaben vom Mutterhaus nicht verstehen oder nachvollziehen können; andererseits dringen Anliegen der Subsidiaries nicht durch die „Lehmschicht" nach oben
- Unklare Rollenabgrenzungen zwischen den Führungsgremien von Mutter und Töchtern erzeugen Reibungsverluste und Frustrationen.

International tätige Führungskräfte äußern sich bisweilen dahingehend, dass Subsidiary Governance „einfach läuft". Dabei beziehen sie sich meist nur auf Kontrollaspekte oder auf die formal-administrative Bestellung eines Niederlassungsaufsichts- bzw. -verwaltungsrates. In der Tat sind Führungsprozesse wie Informations- und Kontrollsysteme (IKS)[1], regelmäßige interne und externe Audits und Risikomanagementprozesse weit fortgeschritten – mit einem starken Fokus auf quantifizierbare, vergangenheitsbezogene Daten und Fakten.

Dass Subsidiary Governance mehr beinhaltet als Kontrolle und die Bestellung eines Niederlassungsaufsichts- bzw. -verwaltungsrates, ist eine Erkenntnis, die erst langsam in den Köpfen von Führungskräften zu entstehen scheint. Dass das Anstreben umfassend verstandener Governance-Praktiken mehr Wert generiert als die minimale Erfüllung rechtlicher Vorschriften, lässt sich heute noch nicht statistisch nachweisen. Doch wir sind

---

[1] Zu einem internen Informations- und Kontrollsystem (IKS) gehören: (1) das interne Audit, das in direkter Verbindung zum Kontrollausschuss steht. In international tätigen Unternehmen ist hierbei eine Einheit internationaler Auditoren zur Erfüllung von Revisionsarbeiten weltweit unterwegs; (2) das Risikomanagement mit den entsprechenden Prozessen und Instrumenten zu Risikobeurteilung, Schadensverhütung, Schadensabwicklung und Versicherung; und (3) Compliance-Abteilungen. Der Kontrollausschuss des Boards bewertet in der Regel die Wirksamkeit der internen und externen Kontrollsysteme und -prozesse.

davon überzeugt, dass sich Unternehmen in Bezug auf Subsidiary Governance nur mit den höchsten Qualitätsanforderungen zufrieden geben sollten, um international erfolgreich und nachhaltig am Wettbewerb teilzunehmen. Erfolgreiche Unternehmen streben nach einer langfristigen Zufriedenheit und Loyalität von Kunden, Lieferanten, Mitarbeitenden, Gesellschaft und Eigentümern. Eine ganzheitliche Sicht und Umsetzung der Subsidiary Governance stellt diese breite Anspruchsgruppenperspektive sicher.

Innerhalb zweier mehrjähriger, praxisorientierter Forschungsprojekte, wissenschaftlich unterlegt durch die Promotionen der erstgenannten Autoren und mehrere Masterarbeiten (Diggelmann 2010; Frischherz 2010; Rezny 2010; Schmid 2010; Leisibach 2011), haben wir ein Subsidiary-Governance-Modell entwickelt, das diesen erwähnten Ansprüchen gerecht wird. Das Modell fasst sämtliche Aspekte zusammen, die eine „gute Subsidiary Governance" widerspiegeln. Vier Firmen unterschiedlicher Größe aus verschiedenen Branchen haben als Praxispartner dazu beigetragen, dass dieses Modell heute eine gute Balance zwischen theoretischer Fundierung und praktischer Anwendbarkeit bietet. Mit der zunehmenden Bedeutung der digitalen Transformation als strategischer Erfolgsfaktor der letzten Jahre (Peter et al. 2020; Peter 2021) ergänzten wir das ursprüngliche Modell mit der Resultatsgröße der digitalen Reife. Dies erlaubt, die Digitalisierungsanstrengungen des Hauptsitzes mit den Niederlassungen abzugleichen.

Die Ausführungen und Empfehlungen dieses Handbuchs erläutern auf einfache, praxisnahe Weise, was ganzheitliche Subsidiary Governance bedeutet und wie diese auf unterschiedlichen Hierarchiestufen umzusetzen ist. Jedes Unternehmen ist individuell und genauso sollte auch die Subsidiary Governance den diversen internen und externen Einflussfaktoren Rechnung tragen. Firmenspezifische Anpassungen der ausformulierten Empfehlungen sind deshalb durchaus zu erwarten – das Buch soll in erster Linie der Reflektion über das komplexe Thema Governance dienen.

Zum Aufbau des Buches: Im nachfolgenden Kapitel (Kap. 2) wird das Subsidiary Governance Modell vorgestellt, gefolgt von Anwendungsmöglichkeiten in der Praxis (Kap. 3). Dabei wird ein Vergleich mit gängigen Managementmodellen wie der Balanced Scorecard vorgenommen. Das Kap. 4 erläutert die Inhalte des Modells im Detail anhand der sogenannten Inhaltsmodule wie System, Mission, Integrität, Stakeholder, Risiko und Audit. Die Auswirkungen auf die sogenannten Resultatmodule (bspw. auf die Wettbewerbsstärke oder Innovationsfähigkeit) werden im Kap. 5 aufgezeigt. Kap. 6 schlussendlich unterstützt Praktiker bei der Anwendung im Führungsalltag mit einem Fallbeispiel, einer Checkliste und verschiedenen Anwendungsszenarien. Neben zahlreichen Abbildungen werden verschiedene Vertiefungen angeboten, gekennzeichnet als Expertenwissen oder als Praxistipp. Jedes Kapitel verfügt auf der letzten Seite zudem über Take-Aways für die Diskussion der wichtigsten Punkte mit Ihrem Führungsteam.

Expertenwissen: Governance Zur Vertiefung für interessierte Praktiker werden nachfolgend drei zentrale Governance-Begriffe kurz vorgestellt: Corporate Governance, Subsidiary Governance und Governance-Organe.

Corporate Governance Corporate Governance ist ein facettenreicher und vielschichtiger Begriff, der gerade in den vergangenen Jahren häufiger denn je in aller Munde war. Eine gängige, allgemein gültige Definition findet sich dennoch nicht. Eine deutsche Übersetzung des Begriffes existiert ebenfalls nicht. Wörterbücher liefern diverse Übersetzungsversuche wie: Betriebsführung, Unternehmensführung, angemessene Unternehmensorganisation oder Grundsätze der Unternehmensführung. Führung und Organisation zeichnen sich hier als Kernthemen ab. Der Swiss Code of Best Practices definiert den Begriff wie folgt: „Corporate Governance ist die Gesamtheit der auf das Aktionärsinteresse ausgerichteten Grundsätze, die unter Wahrung von Entscheidungsfähigkeit und Effizienz auf der obersten Unternehmensebene Transparenz und ein ausgewogenes Verhältnis von Führung und Kontrolle anstreben" (Economiesuisse 2016). In dieser Definition werden sowohl die Aktionärsinteressen als auch das Zusammenspiel von Führung und Kontrolle in den Vordergrund gestellt. Eine kurze und häufig verwendete Definition ist die von Cadbury (2002): „Corporate Governance is the system by which business corporations are directed and controlled." Andere Definitionen schließen die Ansprüche der Aktionäre oder einer anderen Anspruchsgruppe noch expliziter mit ein. Die OECD bspw. erwähnt explizit weitere Anspruchsgruppen neben den Aktionären: „Corporate Governance involves a set of relationships between a company's management, its board, its shareholders and other stakeholders. Corporate governance also provides the structure through which the objectives of the company are set, and the means of attaining those objectives and monitoring performance are determined. Good corporate governance should provide proper incentives for the board and management to pursue objectives that are in the interests of the company and its shareholders and should facilitate effective monitoring." Eine sehr umfassende Corporate Governance-Definition findet sich in Hilb (2008). Er beschreibt Corporate Governance als ein System, anhand dessen Unternehmen strategisch geführt, integrativ gemanagt und holistisch kontrolliert werden und dies auf unternehmerische und ethische Weise und angepasst an den spezifischen Kontext. Diese Definition berücksichtigt Unterschiede zwischen nationalen, branchenspezifischen oder unternehmensinternen Kulturen. Sie definiert die Strategieentwicklung als zentrale Board-Funktion und beinhaltet eine Resultatüberwachung aus Sicht der Aktionäre, Kunden, Mitarbeitenden und Öffentlichkeit. Darüber hinaus werden die Aspekte des Unternehmertums und der Ethik miteinbezogen.

Subsidiary Governance Corporate Governance in kotierten, international tätigen Unternehmen besteht auf zwei Ebenen (Luo 2005):

1. Stammhaus Corporate Governance (wie sind Rechte, Macht und Verantwortlichkeiten aufgeteilt und kontrolliert)
2. Subsidiary Governance (wie gehen Subsidiaries mit Anspruchsgruppen um, bei gleichzeitiger Integration in das Gesamtunternehmen).

Eine Definition von Subsidiary Governance lässt sich aus den Werken von Hilb (2008) und Renz (2007) ableiten: Subsidiary Governance ist ein prozessorientiertes System, mit welchem Niederlassungen strategisch geführt, integrativ gemanagt und ganzheitlich kontrolliert werden, auf unternehmerische und ethisch-reflektierte Weise, sowie angepasst an den jeweiligen Niederlassungskontext.

Die Subsidiary Governance sollte nicht isoliert sein von der Stammhaus Corporate Governance. Subsidiary Governance befasst sich damit, wie Strategien, Visionen und Pläne des Stammhauses in der Niederlassung umgesetzt und integriert werden können. Dies ist von besonderem Interesse, wenn unterstellte Organisationseinheiten ein erhöhtes Maß an Autonomie genießen, wie dies bei Auslandsniederlassungen, Filialen oder Joint Ventures der Fall ist. Wie gestaltet sich die Aufsicht und Kontrolle bei weitgehend selbständigen Einheiten? Wie werden zentrale Corporate Governance-Anliegen kaskadiert? Wie werden operationelle Anliegen zur normativen und strategischen Ebene der Geschäftsleitung zurückgespiegelt (Luo 2005)?

Der Begriff der Subsidiary Governance ist nicht weit verbreitet in Forschung und Praxis und taucht nur vereinzelt im Sinne einer Folgedebatte zur Corporate Governance-Diskussion auf. Corporate Governance-Regelwerke gibt es in fast jedem Land, wie bspw. der Swiss Code of Best Practice, der King Code for Governance für Südafrika oder der Deutsche Corporate Governance Kodex. Ein Kritikpunkt an der aktuellen Corporate Governance Debatte ist die Beschränkung der Codes und Regulierungen auf die Mutterhäuser börsenkotierter Großunternehmen. Die Thematik der Governance von Subsidiaries ist nach wie vor kaum im Fokus. Obwohl einige der Skandale der letzten Jahre auf Fehler in den Subsidiaries zurückzuführen sind, hat der Begriff der Subsidiary Governance noch zu wenig Aufmerksamkeit auf sich gezogen (Böhrer 2010a). Die im Jahr 2020 den Schweizer Stimmbürgern und Stimmbürgerinnen vorgelegte Konzernverantwortungsinitiative, welche Konzerne für die Verletzung von Menschenrechten oder Umweltstandards durch ihre Subsidiaries haftbar machen wollte, scheiterte nur knapp. Das heißt, die breite Bevölkerung ist heute auf mögliche Probleme mit Subsidiaries sensibilisiert, nicht zuletzt aufgrund der Globalisierung und Digitalisierung, welche die Bedeutung einer globalen, interkulturellen Zusammenarbeit forcieren, die Themen prominenter platzieren und den Wissenszugang vereinfachen.

Governance-Organe Das eigentliche Governance-Organ innerhalb des Unternehmens ist das Board (der englische Begriff für den Aufsichts- bzw. Verwaltungsrat). Boards sind das oberste Verfügungsorgan des Unternehmens und damit verantwortlich für die Oberaufsicht. Zu den Hauptaufgaben bspw. eines Schweizer Verwaltungsrats gehören per Gesetz:

- Oberleitung der Gesellschaft
- Festlegung der Organisation
- Ausgestaltung der Rechnungswesens, der Finanzkontrolle und der Finanzplanung
- Ernennung und Abberufung des Präsidenten und der Mitglieder der Konzernleitung

- Oberaufsicht über den Präsidenten und die weiteren Konzernleitungsmitglieder
- Erstellung des Geschäftsberichtes
- Vorbereitung der Generalversammlung
- Benachrichtigung des Richters im Falle der Überschuldung
- Beratung und Genehmigung (langfristige Strategie, größere Finanztransaktionen, jährliche Risikobeurteilung etc.)

Weiter sind Boards meist verantwortlich für die Kompensation des Top Managements, sie setzen die strategischen Ziele des Unternehmens und sind zuständig für die Kontrolle der Zielerreichung und die kritische Hinterfragung der Topmanagement-Aktivitäten. Das Board wird häufig durch Fachausschüsse unterstützt. In einigen Unternehmen gibt es neben dem häufig eingesetzten Nominationsausschuss, dem Vergütungsausschuss und dem Kontrollausschuss einen Corporate Governance-Ausschuss, der die Compliance mit Corporate Governance Codes des Unternehmens überprüft und dem Board Empfehlungen vorlegt.

Die Aufsichtsorgane von Tochtergesellschaften (Subsidiary Boards) sind die Institutionen, die lokal-rechtlich meist die Hauptverantwortung für die Führung und Kontrolle der Tochtergesellschaften (Subsidiary Governance) tragen. Auch wenn die Notwendigkeit für diese Gremien nicht in jedem Fall gegeben ist, verfügen die meisten international tätigen Unternehmen über Subsidiary Boards, da die lokalen Gesetzgebungen dies vorschreiben. In der Theorie und entsprechend den Gesetzen haben die Subsidiary Boards einen ähnlichen Aufgabenkatalog wie die Aufsichtsorgane der Muttergesellschaft. In der Praxis findet man jedoch eine große Varietät: Einige Firmen setzen ihre Subsidiary Boards aktiv für bspw. die Strategieentwicklung und das proaktive Risikomanagement ein, andere begnügen sich mit einer eher passiven Subsidiary Board-Arbeit, die aus der Durchführung der vorgeschriebenen Sitzungen besteht (auch „Puppenboards" genannt, vgl. Hilb 2008). Wann welche Subsidiary Board-Arbeit die beste Lösung ist, hängt von zahlreichen Faktoren ab, besonders von der Komplexität des Gesamtunternehmens und dessen Branche sowie den kulturellen, politischen und gesetzlichen Spezifitäten der Subsidiary-Länder. Geht ein Unternehmen bspw. zum ersten Mal in den indischen Markt und hat keine Erfahrungen in diesem Bereich, ist es sehr gut beraten, das Subsidiary Board mit lokalen Vertretern zu besetzen und diesen eine aktive Beratungsrolle zuzuschreiben (Böhrer 2010b). Damit auseinanderdriftendes Verhalten zwischen Mutterhaus und Tochter vermieden werden kann, sind darüber hinaus häufig Repräsentanten des Stammhauses im Subsidiary Board vertreten.

Die wichtige und zentrale Governance-Funktion des Organes „Board" soll nicht zur Schlussfolgerung führen, dass Governance eine reine Board-Aufgabe und damit ausschließlich ein Betätigungsfeld der Unternehmensleitung ist. Tatsächlich ist die Frage, wie und von wem Governance-Anliegen operationalisiert werden, in Theorie und Praxis relativ neu und noch wenig diskutiert: Wie sollen Governance-Anliegen auf die mittleren und unteren Hierarchieebenen „herunter gebrochen" werden und wie Governance-relevante Informationen zurück an die Spitze kommuniziert werden, um dort z. B. nötige Strategiekorrekturen auszulösen? Wie sollen Geschäftsleitung, mittleres Management und jeder einzelne Mitarbeitende in relevante Governance-Themen involviert werden, sodass eine sogenannt gute Governance im gesamten Unternehmen greifen und fruchten kann?

Das aus diesen Herausforderungen ersichtliche Desiderat eines hierarchieübergreifenden Ansatzes begründet eines der Kernelemente des im Weiteren vorgestellten Modells.

> **Take-Aways: Subsidiary Governance**
> - Governance beinhaltet die zwei Kernelemente Führung und Kontrolle (Direction and Control).
> - Corporate Governance ist ein System zur Führung und Kontrolle von Unternehmen.
> - Subsidiary Governance – wie in diesem Buch beschrieben – ist ein prozessorientiertes System, mit welchem Niederlassungen strategisch geführt, integrativ gemanagt und ganzheitlich kontrolliert werden, auf unternehmerische und ethisch-reflektierte Weise, sowie angepasst an den jeweiligen Niederlassungskontext
> - Subsidiary Governance ist unter anderem essenziell zum Schutz von Vermögen und Interessen der Anteilseigner (Shareholder).
> - Governance Gaps sind Diskrepanzen zwischen den normativ-strategischen Vorgaben des Hauptsitzes und der operativen Umsetzung in den Niederlassungen.

Literatur

Böhrer N (2010a) Subsidiary Boards in international tätigen Unternehmen. Der Einfluss interner und externer Kontextfaktoren auf die Ausgestaltung der Subsidiary-Board-Aufgaben. Universität St. Gallen. (Vorstudie zur Doktorarbeit), Switzerland
Böhrer N (2010b) Subsidiary governance in internationally active companies: optimization of subsidiary board work. Konferenzpapier präsentiert am EDEN doctoral seminar on corporate governance. European Institute for Advanced Studies in Management, Brüssel
Cadbury A (2002) Corporate governance and chairmenship. University Press, Oxford
Diggelmann T (2010) Ganzheitliche Corporate Governance für KMU. Masterarbeit: Hochschule Luzern – Wirtschaft
Economiesuisse (2016) Swiss code of best practice for corporate governance. Zürich
Frischherz F (2010) Systemisches Management in NGOs. Grundlagen zu Evaluation und Online-Befragung. Masterarbeit: Hochschule Luzern – Wirtschaft
Hilb M (2008) New corporate governance. Successful board management Tools. 3 Aufl. Springer, Berlin
Leisibach B (2011) Governance von ausländischen Niederlassungen (Subsidiary Governance) – Marketingkonzeption eines innovativen Managementtools. Masterarbeit: Hochschule Luzern – Wirtschaft

Luo Y (2005) Corporate governance and accountability in multinational enterprises: concepts and agenda. J Int Manag 11:1–18

Peter MK (Hrsg.) (2021) Strategieentwicklung im digitalen Zeitalter: Planung und Umsetzung der Digitalen Transformation. FHNW Hochschule für Wirtschaft, Olten

Peter MK, Kraft C, Lindeque J (2020) Strategic action fields of digital transformation. An exploration of the strategic action fields of Swiss smes and large enterprises. J Strateg Manag 13/1:160–180. https://doi.org/10.1108/JSMA-05-2019-0070

Renz P (2007) Project governance. Implementing corporate governance and business ethics in Nonprofit Organizations. Springer, Heidelberg

Renz P, Schreier C, Schweikert S (2007) Subsidiary governance. Vom Gap zur Innovation. Innovation Management 90–95. (Sept/Nov)

Rezny T (2010) Systemorientierte Businessmodelle. Effektiv und effizient kooperieren durch systemisches Verständnis. Masterarbeit: Hochschule Luzern – Wirtschaft

Schmid S (2010) Subsidiary governance modell. Masterarbeit: Hochschule Luzern – Wirtschaft

Das Subsidiary Governance Modell

Das Subsidiary Governance Modell (Abb. **2.1**) besteht aus sechs Inhaltsmodulen und sechs resultatorientierten Modulen. Die sechs Inhaltsmodule bestimmen den Inhalt bzw. die Grundlage der Subsidiary Governance, weshalb man sie auch „Grundlagenmodule" nennen kann. Sie beantworten die Frage, welche Themen für gute Führung und Kontrolle einer Subsidiary fundamental und wichtig sind und liefern somit eine Aussage über die Qualität dessen, was in einem Unternehmen vorhanden ist oder nicht. Mit anderen Worten: Die Steuerung und Kontrolle von Niederlassungen muss die Bereiche System, Mission, Integrität, Anspruchsgruppen, Risiko und Audit umfassen. Ohne diese inhaltliche Konkretisierung bleibt Subsidiary Governance ein schwer greifbarer Begriff.

Doch weshalb ist es wichtig, innerhalb dieser sechs Bereiche einen hohen Standard zu erreichen? Eine gute Steuerung und Kontrolle in diesen sechs Bereichen ist nicht ein Selbstzweck, sondern stellt die Grundlage dar, um zentrale Resultate in den Niederlassungen zu erreichen, nämlich Wettbewerbsstärke, Innovationsfähigkeit und Nachhaltigkeit. Ebenso liefern die Inhaltsmodule zentrale Voraussetzungen für Führung, digitale Reife und Umsetzungsexzellenz. Die Resultatmodule repräsentieren diese zweite, resultatorientierte Dimension. Sind die sechs Inhaltsmodule innerhalb eines Unternehmens gut abgedeckt, ist das Grundvoraussetzung, um „gute Resultate" entlang der sechs Bereiche der Resultatmodule zu erzielen. Werden die sechs Inhaltsmodule eher als theoretische Bausteine betrachtet, so sind die sechs Resultatmodule die praktische Seite des Modells. Sie liefern uns Aussagen zu wichtigen Erfolgstreibern. Mit dieser zweidimensionalen Herangehensweise wollen wir sicherstellen, dass das herausfordernde Thema von der analytischen Seite fundiert angegangen wird, gleichzeitig aber auch in den Managementalltag der Zielgrößen und Erfolgsmessungen integrierbar ist – dass also die Frage beantwortet werden kann: „Was bringt mir gute Subsidiary Governance?"

© Der/die Autor(en) 2023
P. Renz et al., *Niederlassungen führen,* https://doi.org/10.1007/978-3-662-66203-8_2

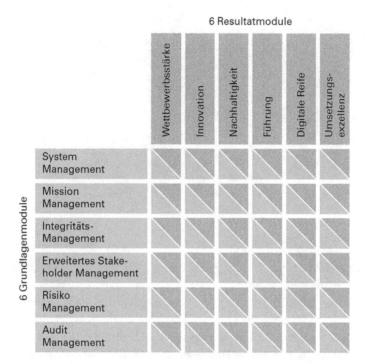

Abb. 2.1 Das Subsidiary Governance Modell

Die sechs Module nehmen eine umfassendere Perspektive ein als die klassische, kontroll-fokussierte Governance-Diskussion dies tut. Bisher weitgehend isoliert behandelte Komponenten der Governance werden integriert; zwischen den Modulen bestehen Wechselwirkungen. Konkret heißt das, dass ein Unternehmen bspw. ein vermeintlich sehr gutes Risikomanagement implementiert haben kann, das systemische Verständnis (= Modul Systemmanagement) jedoch mangelhaft ist, das Unternehmen hat in der Folge höchstwahrscheinlich nur eine limitierte Sicht des Umfelds und der Abhängigkeiten (von Anspruchsgruppen, der Strategie der Konkurrenz, Gesetzen etc.). Damit ist auch das beste Risikomanagement nur „auf Sand gebaut".

Jedes dieser sechs Inhalts- resp. sechs Resultatmodule wird in diesem Buch in einem dedizierten Kapitel erläutert.

Take-Aways: Subsidiary Governance Modell

- Das Modell besteht aus sechs Inhalts- und sechs Resultatsmodulen.
- Die sechs Inhalts- bzw. Grundlagenmodule (System-, Mission-, Integritäts-, erweitertes Stakeholder-, Risiko- und Audit-Management) bestimmen die Themen für gute Führung und Kontrolle einer Niederlassung.

- Die sechs Resultatsmodule (Wettbewerbsstärke, Innovation, Nachhaltigkeit, Führung, digitale Reife, Umsetzungsqualität) messen den Erfolg der praktischen Umsetzung in den Niederlassungen.

Die Anwendung des Subsidiary Governance Modells in der Praxis

3

Wie kann eine Führungskraft vom Subsidiary Governance Modell und diesem Handbuch profitieren? Eine Möglichkeit besteht darin, die eigene Qualität der Subsidiary Governance innerhalb dieser sechs Bereiche zu messen. Die Ausführungen über die Bestandteile des Subsidiary Governance Modells und Beispiele in Kap. 4 verleiten hoffentlich dazu, die eigenen Governance-Praktiken selbstkritisch zu reflektieren. Im letzten Teil des Buches stehen hierfür eine Checkliste und ein Praxisbeispiel bereit.

Eine andere Möglichkeit, die mit überschaubarem Aufwand eine detailliertere Analyse möglich macht, ist die Anwendung des Subsidiary Governance Tools, das im Rahmen der Forschungsarbeit um das Modell herum (und deren Weiterentwicklung im Hinblick auf die digitale Transformation) entstanden ist. Mithilfe dieser Internetapplikation (abrufbar auf www.niederlassungen.ch) können Unternehmen den Reifegrad und mögliche Governance Gaps in der Führung ihrer Niederlassungen oder strategischen Partnerschaften in Eigenregie eruieren. Dabei werden die sechs Inhaltsmodule und die sechs Resultatmodule anhand von Fragebogen auf unterschiedlichen Hierarchiestufen im Stammhaus und in den Tochtergesellschaften gemessen und dann miteinander verglichen. Die rund 30 Indikatoren und dazu gehörenden 150 Fragen ermöglichen konkrete Verbesserungshinweise. Pro Indikator wird ein Wert, der sogenannte Reifegrad, zwischen 0 und 5 ermittelt (s. Abb. 3.1).

Die Reifestufen sollen nicht als Benotung oder Beurteilung angesehen werden, sondern als Entwicklungschance. Unternehmen und ihre Mitarbeitenden durchlaufen diese Phasen und jeder Schritt auf dem Weg zur höchsten Reifestufe ist essenziell (s. Abb. 3.2). Die Reifestufe 5 lässt sich als „Meta-Kompetenz" beschreiben, d. h. das Unternehmen verbessert kontinuierlich Instrumente, Prozesse und Kultur des entsprechenden Bereiches.

Ein klassisches Governance Gap existiert dann, wenn bspw. das Stammhaus einen Wert von 4 erreicht, die Tochtergesellschaft hingegen auf Level 1 ist. Dies könnte

P. Renz et al., *Niederlassungen führen,* https://doi.org/10.1007/978-3-662-66203-8_3

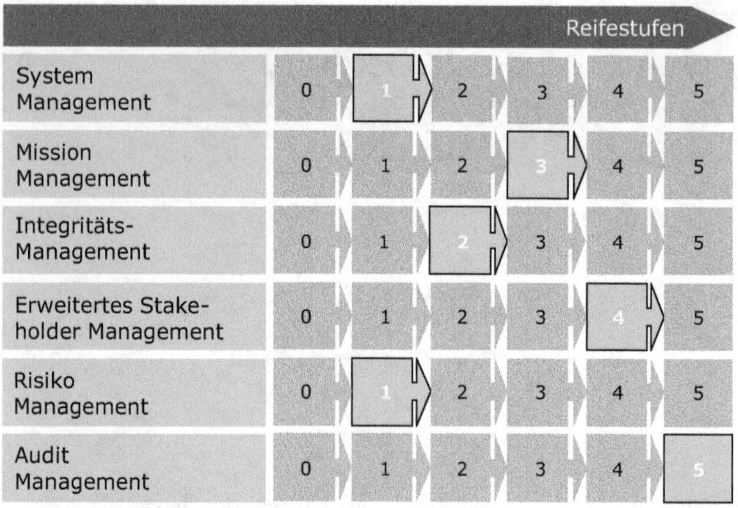

Abb. 3.1 Auswertung der Governance-Dimensionen

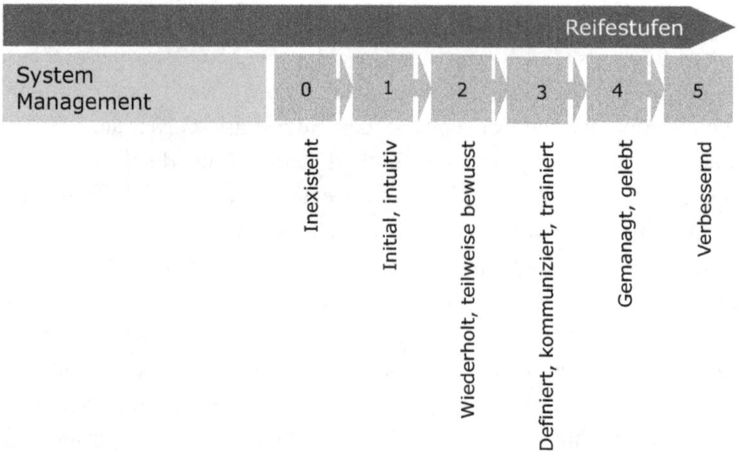

Abb. 3.2 Bedeutung der Reifestufen

aussagen, dass das Stammhaus eine Anspruchsgruppenüberprüfung entwickelt hat, die Töchter aber nichts davon wissen und diese somit auch nicht umsetzen können. Weniger naheliegend aber ebenso möglich sind „umgekehrte" Governance Gaps, d. h. der Wert der Tochter ist höher als der der Mutter. In diesem Fall ist die Tochter aktiv geworden, ohne dass es Vorgaben von der Mutter gab und höchstwahrscheinlich ohne dass die Mutter über die Aktionen informiert wurde. Auch dies ist ein ernstzunehmendes Gap, welches möglicherweise auf ein beträchtliches Potenzial hinweist.

Zahlreiche Unternehmen haben bereits Modelle und Managementsysteme implementiert wie bspw. EFQM oder ISO. Das Subsidiary Governance Modell stellt nicht ein weiteres Instrument dar, das die Komplexität und Bürokratie der Unternehmensführung unnötig erhöht. Es ist vielmehr anschlussfähig an bestehende Führungsrhythmen und füllt damit Lücken und schlägt Brücken. Beispiele für die Einbindung des Subsidiary Governance Tools in die Führungszyklen von Firmen verschiedener Größen und Branchenzugehörigkeiten finden sich im letzten Teil des Buches.

Expertenwissen: Vergleich von verschiedenen Führungsmodellen und Managementsystemen Nachfolgend werden einige verbreitete Führungsmodelle und Managementsysteme kurz eingeführt und abschließend mit dem Subsidiary Governance Modell verglichen.

Begriffserläuterung EFQM Die Zielsetzung von EFQM (European Foundation for Quality Management) besteht darin, den Qualitätsstandard europäischer Unternehmen zu erhöhen und sicherzustellen und als treibende Kraft für nachhaltige Exzellenz in Europa zu fungieren. Das EFQM-Modell ist unabhängig von Branche, Größe, Struktur und Reifegrad des Unternehmens einsetzbar (www.efqm.org).

Neun Hauptkriterien, 32 Teilkriterien und ca. 200 Orientierungspunkte bilden die Rahmenstruktur des Modells, anhand dessen sich der Fortschritt des Unternehmens in Richtung Exzellenz bewerten lässt. Die 9 Hauptkriterien werden dabei in 5 Befähiger- und 4 Ergebnis-Kriterien unterteilt, wie Abb. 3.3 darstellt:

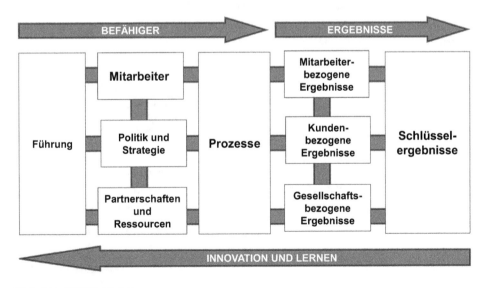

Abb. 3.3 EFQM Modell

Ein Unternehmen, das ein Qualitätsmanagement nach EFQM betreibt, wird Selbst- oder Fremdbewertungen durchführen und die notwendigen Maßnahmen zur Verbesserung der Situation daraus ableiten.

Die im Subsidiary Governance Modell eruierten Qualitäten stellen Grundlagen für EFQM dar und können somit als „Befähiger für Befähiger" positioniert werden: sie messen und geben Auskunft über die Faktoren, die Einfluss auf Führung, Mitarbeitende, Politik & Strategie sowie Partnerschaften & Ressourcen haben. Konkret drückt sich dies in den resultatorientierten Modulen aus.

Begriffserläuterung ISO ISO (International Organisation for Standardization) ist ein international anerkanntes Regelwerk zur Standardisierung des Qualitätsmanagements. ISO enthält Vorgaben zur Gestaltung des Qualitätsmanagements, Kriterien zu dessen Beurteilung dessen und Prozesse, wie Qualitätsziele erreicht werden. ISO ist ähnlich wie EFQM unabhängig von Branche und Größe des Unternehmens anwendbar.

ISO verwendet ein fünfstufiges Reifegradmodell zur Unternehmensbewertung ähnlich dem des Subsidiary Governance Modells. Sie sind einander in Abb. 3.4 gegenübergestellt:

Der Nachteil von ISO besteht darin, dass hier nicht die Verbesserung im Vordergrund steht, sondern die Normkonformität. Zudem werden Dokumentationsumfang und -aufwand als sehr hoch beurteilt. In der Folge dieser beiden Nachteile kommt es leider häufig dazu, dass vorgegebene Standards zwar formal im Unternehmen existieren, aber nicht operativ umgesetzt werden. Die Qualität ist somit dokumentiert, wird aber nicht „gelebt". Die ISO-Norm zeigt auf, was zu verbessern ist, aber nicht, wie es zu verbessern ist. ISO kann erfolgreich eingesetzt werden bei der Identifizierung, Darstellung und Beschreibung von Prozessen. Lücken weist es aber auf im Bereich Verantwortlichkeiten (wer hat welche Themen umzusetzen, zu kontrollieren, etc.) sowie bei den Themen Strategie und Integrität (Schmid 2010).

ISO		Subsidiary Governance Modell
0		Nicht vorhanden
1	Kein formaler Ansatz	Unbewusst, ad hoc
2	Reaktiver Ansatz	Wiederholt
3	Stabiler formaler und systematischer Ansatz	Definiert
4	Schwerpunkt auf ständiger Verbesserung	Geführt und gelebt
5	Bestleistung	Optimierend

Abb. 3.4 Vergleich Bewertungssystem ISO – Subsidiary Governance

Begriffserläuterung Balanced Scorecard Mit der Balanced Scorecard lassen sich Unternehmensaktivitäten sowie Ergebnisse pragmatisch darstellen, und eine Bewertung der angedachten Strategie lässt sich vornehmen. Die Balanced Scorecard misst und beurteilt vier Dimensionen (s. Abb. 3.5): Finanzen, Kunden, Lernen & Entwickeln (= Potenziale) sowie Prozesse (Kaplan und Norton 1996).

Dabei werden Interessen unternehmensexterner Anspruchsgruppen genauso berücksichtigt wie interne Erfordernisse an Prozesse, Innovationen, Lernfähigkeit und Wachstum. Sowohl kurz- als auch langfristig ausgerichtete strategische Ziele fließen ein. Die verwendeten Indikatoren sind sowohl objektive als auch subjektive. Im Kern ist die Balanced Scorecard eine Art Kontrollcockpit. Unternehmen nutzen sie aber auch, um damit die Strategieentwicklung zu strukturieren (Müller-Stewens und Brauer 2009).

Die Balanced Scorecard sowie das Subsidiary Governance Modell zeichnen sich beide durch eine fundierte Strategieorientierung aus. Die Balanced Scorecard deckt zudem den finanziellen Bereich im Detail ab, während die Bereiche der Politik, des Systems, der Partnerschaften sowie Compliance Aspekte im Subsidiary Governance Modell deutlich besser abschließen (Schmid 2010).

Begriffserläuterung Six Sigma Six Sigma bezeichnet – einfach ausgedrückt – das Fehlerniveau innerhalb eines Prozesses. Bei drei Sigma treten 66.807 Fehler bei einer Million Fehlermöglichkeiten auf. Ein Niveau von sechs Sigma bedeutet weniger als vier Fehler,

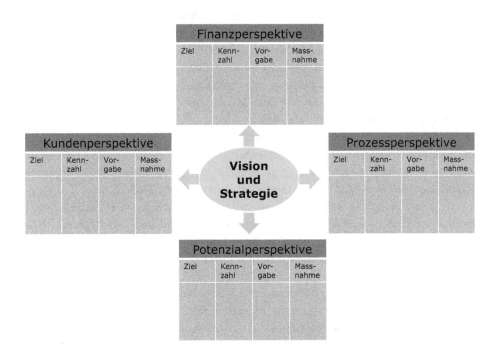

Abb. 3.5 Balanced Scorecard

was einer Null-Fehler-Produktion entspricht. Six Sigma ist aber auch eine Qualitäts-managementmethode, die mit einer statistischen Ist-Analyse beginnt. In einem nächsten Schritt werden innerhalb eines standardisierten Prozesses Maßnahmen identifiziert und umgesetzt, um ein höheres Sigma-Niveau zu erreichen. Six Sigma-Projekte sind klar organisiert, es gibt innerhalb der Teams eine klare Hierarchie; Projektmitglieder werden als Black Belts (Projektleiter) und Yellow Belts (Projektmitarbeitende) bezeichnet und durchlaufen eine intensive Ausbildung, bis sie diese Titel tragen dürfen.

Im Vergleich mit dem Subsidiary Governance Modell liegt das Gewicht von Six Sigma bei den Prozessen, während systemrelevante und politische Aspekte, Strategie-orientierung und gezielte Niederlassungseinbindung wenig beachtet sind (Schmid 2010).

Die vorgestellten Modelle im Vergleich zum Subsidiary Governance Modell Inhaltlich bietet das Subsidiary Governance Modell einen essenziellen Vorteil gegenüber anderen Modellen: Partnerschaften und Niederlassungen werden explizit in den Vordergrund gestellt. Umgang mit und Einbezug von Niederlassungen werden explizit analysiert, ebenso die Rolle und Zukunft von Partnerschaften. Das Modell verhilft so den Unternehmen, die Rollen und Potenziale ihrer Partner innerhalb des Gesamtsystems zu verdeutlichen und die Zusammenarbeit zu verbessern. Spezifische Modelle zur Führung von Subsidiaries existierten bisher nicht. Die meisten Unternehmen führen ihre Subsidiaries fast ausschließlich über Zielvereinbarungsprozesse, die jährliche Budgetierung oder Quartalsabschlüsse.

Neben den Subsidiaries werden zudem weitere Anspruchsgruppen im Modell berücksichtigt, das Modell geht also weit über die Grenzen des Unternehmens hinaus und berücksichtigt den Einfluss zahlreicher Gruppen auf das Unternehmen. Wie derartige Anspruchsgruppen identifiziert, bewertet und „gemanagt" werden, ist ein zentraler Bestandteil des Moduls Anspruchsgruppenmanagement.

Weiter hat das Subsidiary Governance Modell den Vorteil, dass es Beziehungen zwischen Hierarchien einbezieht. Das heißt, es legt großen Wert auf eine Durchgängigkeit sämtlicher Aufgabenbereiche vom Board bis zur operativen Einheit. Jede Ebene hat ihre Verantwortung innerhalb jedes Themenbereiches; der Umsetzung von Governance-Aufgaben über alle Hierarchiestufen wird höchste Priorität eingeräumt, während andere Modelle diese ebenen-übergreifende Operationalisierung nicht beinhalten.

Das Thema Integrität ist ein zentrales „weiches Thema", das eine wichtige Rolle innerhalb des Subsidiary Governance Modells spielt. EFQM und ISO tangieren lediglich das Thema Compliance; die ebenfalls häufig zur Anwendung kommenden Modelle/Systeme Six Sigma und Balanced Scorecard machen keine Aussage zu dieser Thematik (Schmid 2010).

Unter Einbezug der „soften" Themen ist das Subsidiary Governance Modell bezüglich seiner Vollständigkeit den anderen Modellen deutlich voraus. Die sechs Module decken sämtliche unternehmensrelevante Aspekte ab. Das Modell konzentriert sich

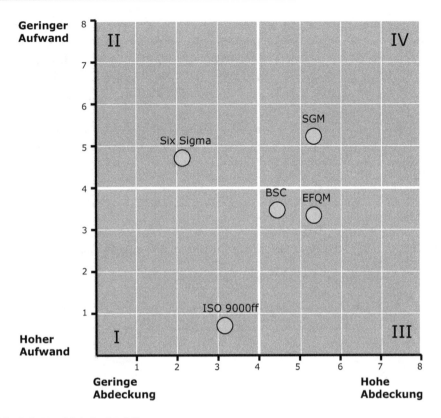

Abb. 3.6 Vergleich der Modelle

nicht auf einen thematischen Schwerpunkt, sondern zeigt die Gesamtheit auf mit all den Zusammenhängen, Abhängigkeiten und Verantwortlichkeiten (s. Abb. 3.6, nach Schmid 2010).

Schmid verglich die Modelle auch bezüglich des benötigten Implementierungs- und Betriebsaufwandes. Das Subsidiary Governance Modell zeichnet sich durch einen niedrigeren Aufwand aus. Beispielsweise ist der Dokumentationsaufwand des Subsidiary Governance Tools vergleichsweise gering. Mitarbeitende füllen Fragebogen aus, das Tool entwickelt daraus eine „Ergebnisübersicht". Zusätzliche Dokumentationen sind nicht nötig. Six Sigma verlangt eine Dokumentierung von Projektbeginn und Projekt- start. Der Dokumentationsaufwand sowohl von Balanced Scorecard als auch von EFQM sowie ISO wird in der Literatur als relativ hoch beurteilt.

Take-Aways zur Anwendung des Subsidiary Governance Modells in der Praxis
- Der Reifegrad der eigenen Subsidiary Governance sowie mögliche Governance Gaps lassen sich mithilfe von gezielten Checks und Fragen eruieren.
- Unternehmen können sich entlang von Reifestufen in ihrer Subsidiary Governance weiterentwickeln.
- Nutzen Sie die Checkliste und das Praxisbeispiel im letzten Teil des Buches.
- Nutzen Sie das Subsidiary Governance Tool auf www.niederlassungen.ch zur Messung von Reifegrad und möglichen Governance Gaps.

Literatur

Kaplan RS, Norton DP (1996) Using the balanced scorecard as a strategic management system. Harv Bus Rev 1(2):1–13

Müller-Stewens G, Brauer M (2009) Corporate strategy & governance. Wege zur nachhaltigen Wertsteigerung im diversifizierten Unternehmen. Schäffer-Poeschel, Stuttgart

Schmid S (2010) Subsidiary governance modell. Masterarbeit: Hochschule Luzern – Wirtschaft

Die sechs Subsidiary Governance Inhaltsmodule

4

4.1 Systemmanagement

Basis dieses ersten Moduls ist die Systemtheorie, welche mit dem St. Galler Management-Modell – als einer erprobten Konkretisierung der Systemtheorie – veranschaulicht werden kann. Es geht um die Frage, wie eine Unternehmung ihren Kontext bzw. ihr System managen kann. Systemmanagement beschäftigt sich mit dem ganzheitlichen Verständnis des Unternehmens, seiner Umwelt, mit den Anspruchsgruppen, Interessen und Ressourcen des Umfelds; es fördert ein systemisches Verständnis des Niederlassungskontextes. Damit werden Gegebenheiten („Realitäten"), Rollen, Interessen und Abhängigkeiten der unterschiedlichen Akteure im System klarer und fassbarer. Eine Niederlassung wird verstanden als Teil eines lokalen Systems, dazu gehören das Land, in dem sich die Niederlassung befindet, die vorherrschende Religion und kulturelle Einflüsse, das Marktsystem, die Konkurrenz etc. Eine Niederlassung ist aber auch Teil einer Gesamtunternehmensstruktur – eines Unternehmenssystems mit seinen Realitäten und Spielregeln. Systeme bestehen also aus Teilsystemen oder Subsystemen.

Die Kenntnis dieser Zusammenhänge ist für jede Niederlassung existenziell. Sich diese Kenntnisse zunutze zu machen, bspw. indem die verantwortlichen Manager die Niederlassung geschickt und gezielt in diesem System positionieren, ist Ausdruck einer zielorientierten Subsidiary Governance. Hat das Mutterhaus seinerseits ein klares Bild über die Rolle der verschiedenen Subsidiaries im Gesamtsystem, entstehen daraus klare und nachvollziehbare Erwartungen an die einzelnen Subsidiaries. Diese Erwartungen können als gute Gesprächsgrundlage für regelmäßige Zielvorgaben dienen.

Ein gutes Systemmanagement ist dann erreicht, wenn sich die Akteure – Mutterhaus- und Niederlassungsverantwortliche – regelmäßig über ihre Sicht des Systems oder der Systeme austauschen. Dadurch entsteht ein gemeinsames Bild, welches auch grafisch erfasst werden kann. Derartige Bilder werden erfahrungsgemäß oft zu anschaulichen

© Der/die Autor(en) 2023
P. Renz et al., *Niederlassungen führen*, https://doi.org/10.1007/978-3-662-66203-8_4

Kommunikationsvehikeln. Sie dienen als Grundlage für Diskussionen, mithilfe derer sich bspw. Systemgrenzen oder Anpassungsbedarf gut erkennen lassen.

Folgende Elemente, die in den nächsten Abschnitten näher beleuchtet werden, lassen auf ein fortgeschrittenes Systemmanagement schließen:

1. Es existiert ein klares Geschäftsmodell.
2. Die Abhängigkeiten und Verbindungen innerhalb des Systems werden erkannt, verstanden und berücksichtigt.
3. Erfolgstreiber und Kernkompetenzen sind vorhanden, bekannt und werden gemanagt.
4. Es herrscht eine systemische Denkkultur.
5. Die Unternehmensprozesse spiegeln das systemische Denken wieder.
6. Die Führung fordert und fördert Systemmanagement.

Expertenwissen: St. Galler Management-Modell Das. St. Galler Management-Modell unterteilt die Unternehmensführung in drei Ebenen: normatives, strategisches und operatives Management. Das normative Management beschäftigt sich mit den generellen Zielen und Prinzipien des Unternehmens. Schlagworte in diesem Bereich sind Ethik oder Unternehmenspolitik. Auf der Ebene des strategischen Managements werden Geschäftspläne entwickelt und wird die Strategie umgesetzt. Das operative Management umfasst Prozesse der Personal führung, die finanzielle Führung oder das Qualitätsmanagement. Das neue St. Galler Management-Modell (s. Abb. 4.1) bezieht Umweltsphären inklusive

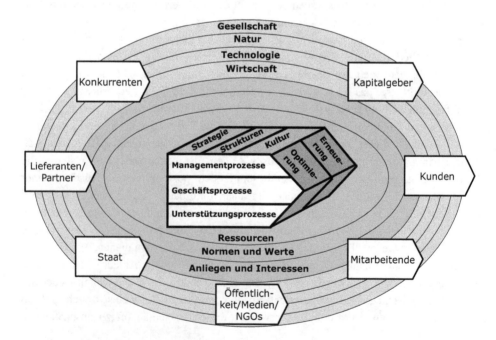

Abb. 4.1 Das St. Galler Management-Modell

konkrete Anspruchsgruppen sowie die entsprechenden Interaktionen mit ein (dies entspricht einer externen Sicht). Darüber hinaus sowie Ordnungsmomente, Prozesse und Entwicklungsmodi, die sich auf die Innensicht des Unternehmens beziehen. Umweltsphären sind die Gesellschaft, Technologie, Wirtschaft und Ökologie. Die Anspruchsgruppen gehören ebenfalls zur Umweltsphäre. Interaktionsthemen sind die Themen, die man mit den Anspruchsgruppen austauscht. Hierzu gehören Normen, Werte, Anliegen, Interessen und Ressourcen. Die Ordnungsmomente sind die drei Elemente Strategie, Struktur und Kultur, die das tägliche Wirtschaften strukturieren. Zu den Prozessen gehören Management-, Geschäfts- und Unterstützungsprozesse. Managementprozesse beinhalten die oben genannten drei Ebenen. Geschäftsprozesse umfassen Kundenprozesse und Leistungserstellungsprozesse. Unterstützungsprozesse sind bspw. Personalmanagementinhalte. Entwicklungsmodi bezeichnen die verschiedenen Arten der Weiterentwicklung eines Unternehmens. Hier gibt es die zwei Ausprägungen: Optimierung und Erneuerung (Bleicher 1996).

4.1.1 Expliziertes, erklärbares Geschäftsmodell

Jedes Unternehmen verfügt über ein Geschäftsmodell, auch wenn dieses nur als Gedankengebilde in den Köpfen der Leute vorhanden ist. Geschäftsmodelle sind eine Art Architektur für den Produkt-, Dienstleistungs- und Informationsfluss. Sie beschreiben die verschiedenen Akteure, ihre Rollen und Nutzenpotenziale – kurz gesagt das Grundprinzip, wie ein Unternehmen Wert für seine Kunden generiert (Rezny 2010), den Wert weitergibt und diesen erfasst (Osterwalder und Pigneur 2010).

Bestandteile eines Geschäftsmodells können sein:

- Kundensegmente
- Nutzenversprechen gegenüber den Kunden
- Kanäle, um Kunden zu erreichen
- Kundenbeziehungen
- Ertragsquellen
- Gewinnformel
- Kostenstruktur
- Schlüsselressourcen
- Schlüsselprozesse
- Schlüsselpartnerschaften

Aus Sicht der Subsidiary Governance stellt sich die Frage, welche Rolle Subsidiaries im Rahmen des Gesamtgeschäftsmodells einnehmen. Einige Subsidiaries sind vor allem Markterschließungsorganisationen, andere sind Produktionsstätten oder Sourcingorganisationen. Eine Niederlassung muss möglicherweise das Geschäftsmodell für ihren spezifischen Kontext adaptieren. Gute Subsidiary Governance heißt dann, dass die Positionierung und Rolle der Subsidiaries im Gesamtgefüge sowie deren spezifische Kompetenzen und Charakteristika kontinuierlich auf dem Radar der Führungsverantwortlichen figurieren.

Unabhängig davon, ob das Geschäftsmodell eines Unternehmens schriftlich ausformuliert oder grafisch dargestellt ist: Wichtig ist, dass die leitenden Angestellten von Stammhaus und Töchtern das Geschäftsmodell erklären können. Dieses Verständnis sollte stufengerecht auf mehr als nur der obersten Führungsebene verankert sein. Hat ein Mitarbeitender die Kernaussagen des Geschäftsmodells verstanden, kann er zusammenfassen, was das Unternehmen von anderen Marktakteuren abhebt (bspw. bestimmte Strukturen oder Prozesse), welche Rolle sein Unternehmensbereich/seine Tochtergesellschaft spielt und welche Rolle er selbst innerhalb des Modells (bzw. des Systems) spielt.

Der Aspekt des Geschäftsmodells ist im Modul Systemmanagement enthalten, weil das Subsidiary Governance Modell den Anspruch erhebt, dass das Geschäftsmodell systemisch bzw. systemorientiert zu sein hat. Systemorientierte Geschäftsmodelle zeichnen sich dadurch aus, dass sie das Umfeld sowohl in die Entwicklung wie auch in die Umsetzung des Modells bewusst mit einbeziehen. Konkret führt diese systemische Vorgehensweise bspw. dazu, dass ein Unternehmen positive Netzwerkeffekte nutzt, also seine eigenen Stärken erkennt, Akteure mit komplementären Stärken identifiziert und das gesamte Netzwerk unter Beachtung von Umwelteinflüssen auf ein Kundenbedürfnis ausrichten kann (Rezny 2010).

Praxistipp: Geschäftsmodellentwicklung
Abb. 4.2 stellt eine nicht abschließende Übersicht an Fragen dar, welche die Ausarbeitung eines Geschäftsmodells unterstützen:

Wichtig zu erwähnen ist, dass der Entwicklung eines Geschäftsmodells eine klare strategische Entscheidung vorausgehen sollte. Die Strategie gibt vor, welche Ziele durch die Umsetzung des Modells erreicht werden sollen, und stellt sicher, dass einzelne Entscheide strategiekonform getroffen werden (Rezny 2010).

Um global erfolgreich zu sein, sollte innerhalb des Geschäftsmodells eine klare Kompetenzzuteilung stattfinden, indem die Fähigkeiten, Wissensträger und Ressourcen stets dort eingesetzt werden, wo sie strategisch benötigt werden, das Ganze aber über alle Tochtergesellschaften hinweg global integriert bleibt. Dadurch entsteht ein optimiertes Geschäftsmodell auf der Basis der speziellen Kombinationen aus Fähigkeiten und Regionen, die für das Unternehmen relevant sind.

Praxistipp: Business-Ökosysteme
Mit dem Konzept der „Ökosysteme" (Lewrick 2021) wurde in den letzten Jahren ein Paradigmenwechsel in der Gestaltung von Geschäftsmodellen angestoßen.

Mit welchen Produkten/Dienstleistungen befriedigen wir welche
Bedürfnisse welcher Kunden?

Wie erreichen wir unsere Kunden (Vertriebsstruktur,
Distributionskanäle, Kommunikationsinstrumente)?

Wie fördern wir Kundenbindung?

Wie stellen wir eine konstante Innovationsfähigkeit sicher?

Wie strukturieren wir unseren Leistungserstellungsprozess?

Welche Ressourcen benötigen wir innerhalb welcher Schritte des
Leistungserstellungsprozesses?

Welche Prozessschritte übernehmen wir selbst, welche lagern wir
aus?

Wie setzt sich der Preis unseres Angebots zusammen, welche Preis-
und Zahlungskonditionen sehen wir vor?

Abb. 4.2   Fragen zur Geschäftsmodellentwicklung

In einer digitalisierten Welt verändern sich nicht nur die Prozesse, Technologien und Kundenbedürfnisse, sondern es werden auch die Grenzen zwischen den Branchen neu definiert. Business Ökosysteme brechen traditionelle Branchen auf. Akteure aus diversen Branchen (welche unter Umständen in der Vergangenheit nicht miteinander arbeiteten) erstellen und gestalten neue Angebote für Kunden. Diese Akteure nutzen Koevolution, Symbiose und Vernetzung und agieren über klassische Kundenerlebnisketten hinaus. Sie streben nicht primär nach stabilen, linearen Wachstumsmustern, sondern nach Agilität in der Realisierung von exponentiellem Wachstum.

Abb. 4.3 stellt eine Übersicht der größten Herausforderungen für traditionelle Unternehmen in Business Ökosystemen dar:

4.1.2   Abhängigkeiten und Verbindungen

In Unternehmen herrschen Abhängigkeiten von einer großen Anzahl interner und externer Akteure und Faktoren, wie Kunden, Lieferanten, Geschäftspartner, Markt oder interne Unternehmensbereiche und Subsidiaries. Diese Abhängigkeiten und Verbindungen beeinflussen die Interaktionen, konkret die Informations-, Waren-, Dienstleistungs- oder Geldströme.

Eine Unternehmung erbringt einzelne wertschaffende Prozesse, die zur Entstehung eines Produktes, respektive einer Dienstleistung beitragen. Andere Prozesse werden von vor- oder nachgelagerten Akteuren erbracht. Um die gesamte Wertschöpfungskette

Von ...	Zu ...
Interner Fokus	Externer Fokus
Lineare Wertschöpfung	Netzwerkorientiert
Langfristige und starre Planung	Iteratives Vorgehen und agile Adjustierung
Klassische Geschäftsmodellbetrachtung	Multidimensionale Sicht auf Geschäftsmodelle
Direkte Wert- und Finanzströme	Indirekte Monetarisierung und Finanzströme
Vollständige Kontrolle und Ownership	Geteilte Kontrolle und „Mitgliedschaft"
Produktzentriert	Komplementäres Produkt oder Dienstleistung
Statische Sicht	Dynamische/koevolutionäre Sicht
Protektionistisch in Bezug auf Daten und Kundenbeziehung	Transparent und offen im Bezug auf Daten und Kundenbeziehungen
Denken in marktreifen Plattformen, Funktionen, Angeboten	Denken in Minimum Viable Products/Ecosystems (MVP/MVE)

Abb. 4.3 Herausforderungen für traditionelle Unternehmen in Business Ökosystemen (eigene Darstellung in Anlehnung an Lewrick 2021, Seite 32)

zu optimieren und diese auf die Kundenbedürfnisse auszurichten, bedarf es eines systemischen Verständnisses dieses Netzwerkes interner und externer Akteure, deren Einflüsse, der wechselseitigen Beziehungen und Abhängigkeiten (Rezny 2010). Einige dieser Abhängigkeiten werden bewusst gesteuert, bspw. im Aufbau neuer Tochtergesellschaften über organisches Wachstum oder Akquisition, durch Verträge mit Lieferanten und Geschäftspartnern. Auf andere kann das Unternehmen lediglich einen mehr oder weniger starken Einfluss nehmen bspw. indem es vertreten ist in wichtigen Verbandsgremien im In- und Ausland, innerhalb derer neue Richtlinien und Regulierungen ausgearbeitet werden. Gewisse Abhängigkeiten können lediglich bewusst und sichtbar gemacht werden und in Entscheide und Aktionen als „gegebene Größen" einfließen. Kulturelle Spezifika der Niederlassungsländer sind ein Beispiel hierfür.

Das Management sollte sich dieser verschiedenen Gestaltungsmöglichkeiten (s. Abb. 4.4) von Abhängigkeiten und Verbindungen bewusst sein, sie gezielt nutzen und regelmäßig hinterfragen und optimieren.

Je komplexer ein System ist, umso größer ist sein Verhaltensspektrum und umso variantenreicher kann es grundsätzlich auf Umweltveränderungen im Markt, bei den Kunden, Lieferanten, gegenüber den Konkurrenten, im politischen Bereich, usw. reagieren. Gleichzeitig wird aber die Kontrolle des Systems umso schwieriger und anspruchsvoller. In der heutigen Wirtschaftswelt sind weder die Spieler am Markt, noch die Marktregeln fest und vorhersehbar. Beide ändern sich permanent, weshalb man häufig mit Wahrscheinlichkeiten und Vermutungen operiert. Von besonderer Bedeutung für international tätige Unternehmen sind deshalb Flexibilität, Geschwindigkeit, organisatorisches Lernen, grenzüberschreitender Wissenstransfer und die Fähigkeit zur Selbststeuerung. Die tiefgreifenden Veränderungen im Umfeld international tätiger Unternehmen zwingen diese dazu, sich gezielt organisatorisch anzupassen, bspw. durch Dezentralisierung von Verantwortlichkeiten und Kompetenzen an Tochtergesellschaften (Rall 1997).

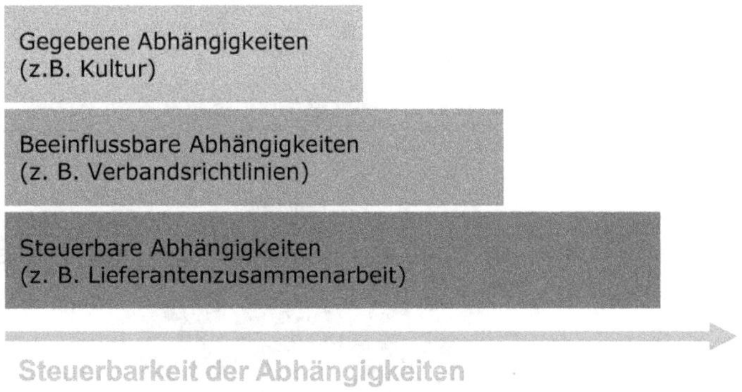

Abb. 4.4 Abhängigkeiten und ihre Steuerbarkeit

4.1.3 Erfolgstreiber und Kernkompetenzen

In einer internationalen Unternehmung sind der Aufbau und die grenzüberschreitende Pflege von Kernkompetenzen eine zentrale Führungsherausforderung. Wie kann bspw. eine Unternehmung mit einer zentralisierten Produktion die Kundenbedürfnisse aus den verschiedensten Märkten verstehen und bedienen? Ein internationales KMU könnte gerade darin eine Kernkompetenz entwickeln durch möglichst direkte Kommunikation zwischen lokalen Verkäufern und Produktion, um damit aus jedem Auftrag eine neue Produktverbesserung oder Innovation anzustoßen.

Eine Frage, die deshalb regelmäßig auf der Managementagenda stehen sollte, lautet: Welches sind gegenwärtig im Vergleich zu den Mitbewerbern die wichtigsten unternehmensinternen finanz-, markt-, umwelt- und personalorientierten Stärken und Schwächen? Diese können auf Stammhaus und Subsidiaries verteilt sein, bspw. indem eine Tochter über wertvolle Ressourcen verfügt, eine andere über einen einzigartigen Marktzugang in ihrem Land und das Stammhaus über herausragende Führungskräfte mit guter Reputation und gewinnbringenden Netzwerken. Gute Subsidiary Governance weiß um die in verschiedenen Niederlassungen positionierten Stärken, Schwächen und Beiträge zu Kernkompetenzen und thematisiert diese periodisch.

Expertenwissen: Kernkompetenzen Ein Unternehmen besteht aus einem Portfolio an Fähigkeiten, die optimal, schnell und kostengünstig kombiniert zu Wettbewerbsvorteilen führen (Hamel und Prahalad 1990). Erfolgstreiber sind die Faktoren, die Aufschluss darüber geben, was nötig ist, um am Markt erfolgreich zu sein. In der Modebranche wäre das bspw. das schnelle Reagieren auf neue Trends, in der Automobilbranche ist es der Ruf nach sparsamem Treibstoffverbrauch. Kernkompetenzen sind die Fähigkeiten, die das Unternehmen braucht, um die Erfolgstreiber möglichst abzudecken und damit Wettbewerbsvorteile aufzubauen und zu sichern. Kernkompetenzen sind ein Verbund von Fähigkeiten und Technologie, der auf explizitem und verborgenem Wissen beruht

Abb. 4.5 Kriterien von
Kernkompetenzen

> **Wertvoll**
> Kernkompetenzen erhöhen Effizienz,
> Effektivität und Markterfolg
>
> **Selten**
> Durch Kernkompetenzen differenziert
> sich ein Unternehmen von Mitbewerbern
>
> **Nicht imitierbar**
> Kernkompetenzen führen zu einem
> stabilen Vorsprung
>
> **Nicht substituierbar**
> Kernkompetenzen lassen sich nicht
> durch ähnliche Fähigkeiten ersetzen

und sich durch zeitliche Stabilität und produkteübergreifenden Einfluss kennzeichnet. Kernkompetenzen generieren einen Nutzen bei Kunden, sind einzigartig unter Wettbewerbern, verschaffen Zugang zu neuen Märkten, sind nicht leicht imitierbar und transferierbar und sind synergetisch mit anderen Kompetenzen verbunden (Von Krogh und Venzin 1995). Nicht jede Kompetenz ist gleich eine Kernkompetenz und führt damit zu nachhaltigen Wettbewerbsvorteilen. Kernkompetenzen erfüllen vier Kriterien, wie Abb. 4.5 veranschaulicht (Barney 1991):

Erfolgreiche Unternehmen besitzen eindeutige Kernkompetenzen und sichern diese nachhaltig. Sie sind darüber hinaus in der Lage, neue Kernkompetenzen zu generieren. Dass aber nicht konstant alle vier Kriterien erfüllt werden können, ist offensichtlich. Ziel jedes Unternehmens sollte es dennoch sein, seine Fähigkeiten so gut als möglich hinsichtlich dieser „Qualitätskriterien" zu optimieren.

4.1.4 Systemische Denkkultur

Eine Organisation bzw. ihre Mitarbeitenden denken systemisch, wenn sie komplexe Probleme mit Blick auf den Gesamtzusammenhang (das System) angehen. Zwischenresultate und Lernschlaufen werden als normaler Teil der Leistungserbringung angesehen. Das schrittweise Herantasten an eine Lösung liegt ebenso im Managementblickfeld wie die erreichten Resultate selbst. Ohne systemisches Denken werden Grenzen und Möglichkeiten verkannt oder nicht realistisch eingeschätzt. Für das Management bedeutet systemisches (oder auch vernetztes) Denken, dass es sich Gedanken darüber macht, wie es das System, innerhalb dessen es sich befindet, beeinflussen kann (Renz 2007).

Aus der Sicht international tätiger Unternehmen ist eine systemische Denkkultur der Mitarbeitenden in den verschiedenen Lokalitäten von besonderer Wichtigkeit. Einerseits hilft es, im Sinne der ganzen Unternehmung zu denken, andrerseits führt systemisches Denken zu einem schnelleren Erkennen von Marktpotenzialen und fördert somit den gezielten Aufbau neuer Märkte und globaler Wertschöpfungsketten.

Sechs Merkmale machen systemisches Denken aus (Ulrich 2001a):

1. *Ganzheitliches Denken in offenen Systemen*: Das Unternehmen wird nicht isoliert, sondern in seiner Verflechtung mit der Umwelt betrachtet. Gegenwärtige und zukünftige Umweltbedingungen müssen bei Entscheidungen berücksichtigt werden. Probleme werden möglichst im umfassenden Zusammenhang gesehen, um zweckmäßige Problemabgrenzungen zu vermeiden. Folgende Fragen können bei der Beurteilung einer Situation helfen: Was ist das System, mit dem ich es zu tun habe? Wie setzt es sich zusammen? Welche Beziehungen bestehen?
2. *Analytisches und synthetisches Denken*: Analytisches Denken bedeutet, ein System in seine Einzelteile zu zergliedern, um die Logik des Ganzen zu verstehen. Synthetisches Denken bildet das ergänzende Gegenstück und bedeutet, aus verschiedenen Elementen etwas Neues, Größeres zusammenzustellen (Ulrich 2001b). Ähnlich einem Zoomobjekt wird die Brennweite einmal auf den Gesamtzusammenhang, dann auf ein Einzelmotiv und sodann wieder auf einen umfassenden Blickwinkel fixiert, um das Detail nun im Rahmen des Größeren zu verstehen (Haller 1986).
3. *Denken in kreisförmigen Prozessen*: Systemorientiertes Denken ist Denken in Verknüpfungen, nicht in klar strukturierten Ketten mit einem Anfang und einem Ende. Innerhalb eines Systems ist alles von allem abhängig; jedes Ende bildet wieder einen Anfang. Ursache und Wirkung liegen nicht eng beieinander, das Zurückführen gewisser Ursachen auf einzelne Faktoren ist deshalb nicht möglich.
4. *Denken in Strukturen und informationsverarbeitenden Prozessen*: Strukturen und Informationen haben eine hohe Bedeutung für Menschen und soziale Systeme. Die Struktur eines Unternehmens (Aufbau- und Ablauforganisation) gibt Möglichkeiten und Grenzen vor; der Informationsstand der Mitarbeitenden beeinflusst das Verhalten des Unternehmens. Das Beschaffen und Verarbeiten von Informationen ist deshalb eine wesentliche Managementtätigkeit.
5. *Interdisziplinäres Denken*: Um eine ganzheitliche Realität zu erfassen und zu gestalten, ist mehrdimensionales, interdisziplinäres Denken erforderlich. Nicht die Fachdisziplin, sondern das Problem bestimmt die Art des Wissens, das zur Problemlösung beizuziehen ist. Verschiedene Betrachtungs- und Gestaltungsebenen sind zu unterscheiden, um sie dann miteinander zu verknüpfen. So können Erkenntnisse aus technischen, naturwissenschaftlichen, betriebs- und volkswirtschaftlichen sowie gesellschaftlichen Bereichen in die Problemlösung einbezogen werden. Ein konkretes Beispiel hierfür wäre das Zusammenführen von Wissen über Bereichsgrenzen hinweg. Innerhalb einer systemischen Kultur treten Mitarbeitende verschiedener Abteilungen miteinander in Austausch, auch wenn ihr Tagesgeschäft diesen Aus-

tausch nicht notwendig macht. In der Folge verfügen Mitarbeitende über ein breites Wissen hinsichtlich relevanter Technologie oder Märkte in anderen Bereichen.

6. *Praktisches Denken*: Es wird bewusst akzeptiert, dass komplexe Probleme nicht durchschaubar sind und wir aufgrund unvollkommener Informationen entscheiden müssen.

Um eine ganzheitliche Sicht zu erlangen, ist systemisches Denken essenziell, egal in welchen Lebenslagen. Die heutige Wirtschaftswelt ist gekennzeichnet durch einen hohen Grad an Dynamik. Verschiedenartige Beziehungen zwischen dem Unternehmen und mehr oder weniger mächtigen Akteuren und Institutionen ändern sich ständig, stoßen unerwartet dazu oder fallen weg. Die Vernetzung des Unternehmens ist einem konstanten Wandel unterworfen, dem ein Unternehmen durch das Fördern systemischen Denkens erfolgreich begegnen kann.

> **Praxistipp: Produktinnovation und Denken in offenen Systemen**
> Wird über die Entwicklung eines neuartigen Produktes diskutiert, ist im Sinne des Denkens in offenen Systemen bspw. die Gesetzesentwicklung in den Subsidiary-Ländern zu berücksichtigen. Zeichnen sich neue Vorschriften ab, aufgrund derer man die Produktion im Land x zukünftig nur noch sehr restriktiv durchführen könnte? Machen sich neue politische Tendenzen breit, die dazu führen könnten, dass die Tochter und damit das Gesamtunternehmen mit dem neuen Produkt Reputationsverluste erleiden? Würde das Produkt in der Tochtergesellschaft A produziert, wie kommt man dann an Informationen aus der Produktion heran? Gibt es eine direkte Rapportierungslinie vom Teamleiter in der Produktion bis zu Geschäftsleitung der Tochter, die den Inhalt an das Stammhaus weiterleitet? Oder würde es mehr Sinn machen, dass Vertreter des Stammhauses das Werk nach einigen Monaten persönlich besuchen, um sich ein Bild von der neuen Produktionslinie zu machen? Ist das neue Produkt, das vor einigen Monaten auf den Markt kam, im Stammhaus entwickelt, in der Tochter A produziert und von der Tochter B vertrieben worden, wäre es sehr wertvoll, das Wissen aus F&E, Produktion und Verkauf an einen Tisch zu bringen, um interdisziplinär Erkenntnisse und Bedürfnisse auszutauschen.

4.1.5 Systemische Prozesse

Ist eine systemische Denkkultur vorhanden, widerspiegelt sich diese auch in den Unternehmensprozessen. Dies äußert sich bspw. in Feedbackschritten, die in allen wichtigen

Abb. 4.6 Deming-Kreis als
Beispiel eines systemischen
Prozesses

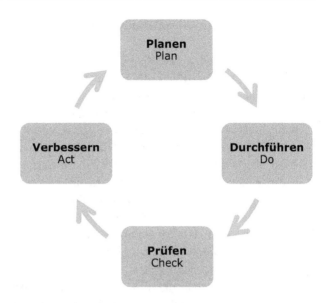

Prozessen eingebaut werden. Ein praktisches Beispiel eines solchen Prozesses ist der PDCA-Zyklus von Deming (1982) (auch „Deming-Kreis" genannt).

Systemische Prozesse beziehen explizit die in Systemen existierenden Abhängigkeiten und Verbindungen mit ein. Sie weisen auch auf Eventualitäten im Falle von Systemveränderungen hin. Die systemischen Prozesse zeigen letztlich auf, wie das Geschäftsmodell im konkreten Alltag und den Realitäten des Umfelds umgesetzt wird.

Je weiter Niederlassungen geografisch und kulturell entfernt sind, desto kritischer ist es, Feedbackschlaufen in Prozesse einzubauen. Werden bspw. Kundenmeinungen kontinuierlich erfasst und zurückgespeist, und zwar an lokale wie auch globale Verkäufer sowie an die Forschungs- und Entwicklungsabteilung? Gibt es einen Informationsrückfluss von der F&E-Abteilung an die Verkäufer? Wird die Effizienz von Prozessen auch in Niederlassungen periodisch überprüft und verbessert? Die Existenz gut funktionierender systemischer Prozesse ist ein Indiz für eine inhaltliche und zielgerichtete Zusammenarbeit unter verschiedenen Einheiten mit wenigen Reibungsverlusten.

Expertenwissen: Begriffserläuterung Deming-Kreis Der Deming-Kreis stellt das Qualitätsmanagement als Kreislaufprozess dar (s. Abb. 4.6): Qualität bedingt Planung, Durchführung, Überprüfung und Verbesserung. Durch die ständige Aufrechterhaltung dieses Kreislaufs sind permanente Verbesserungen möglich.

4.1.6   Führung und Kontinuität im Systemmanagement

Eine wichtige Erkenntnis aus dem Forschungsprojekt ist, dass die skizzierten Themen kontinuierlich auf dem Radar der Führungspersonen aller Stufen erscheinen sollten – stufengerecht aufbereitet. In mehreren der Grundlagemodule wird deshalb explizit auf diesen Aspekt der Führung und Kontinuität hingewiesen.

Systemisches oder vernetztes Denken kann nur dann im Unternehmen gelebt werden, wenn dies von oberster Stufe kontinuierlich gefordert und gefördert wird. Strategien und Taktiken, die basierend auf einem systemischen Verständnis entwickelt wurden, zeigen z. B. Zusammenhänge und Abhängigkeiten innerhalb und außerhalb des Unternehmens explizit auf und berücksichtigen sie. Dem Einfluss von Niederlassungen auf das Stammhaus und vice versa sowie Wechselabhängigkeiten zwischen Niederlassungen ist angemessen Rechnung zu tragen. Das Management tut damit einen wichtigen Schritt in Richtung Förderung einer Kultur des vernetzten bzw. systemischen Denkens (Hilb und Renz 2009).

Von der Geschäftsleitung wird weiter erwartet, dass sie sich konstant damit beschäftigt, das System zu verstehen und Beeinflussungsmöglichkeiten auszukundschaften und gegebenenfalls aktiv anzugehen. Diese Aufgabe ist nie abgeschlossen und sollte deshalb kontinuierlich vom Management wahrgenommen werden. Ist das System einmal erfasst und verstanden, ist die „Arbeit" nicht getan. Vielmehr hat das Management dieses Verständnis innerhalb des Unternehmens verständlich zu kommunizieren und parallel dazu kontinuierlich zu vertiefen.

4.2   Mission Management

Strategie, Struktur und Kultur und wie diese Elemente an der Schnittstelle Mutterhaus – Tochterfirmen gehandhabt werden, sind Inhalte des Mission Managements. Die drei Elemente werden innerhalb des St. Galler Management-Modells als „Ordnungsmomente" bezeichnet (Rüegg-Stürm 2003), da sie die Funktion haben, Ordnung in das System Unternehmen zu bringen und somit das Alltagsgeschehen auf die Erzielung bestimmter Wirkungen und Ergebnisse auszurichten. Die Strategie gibt Auskunft darüber, was das Unternehmen erreichen will. Um strategische Vorgaben zu erreichen, benötigt es passende Strukturen, welche die nötige Koordinationsfunktion übernehmen. Damit die Mitglieder der Organisation im Einzelfall im Sinne der Gesamtorganisation handeln, brauchen sie einen gemeinsamen Sinnhorizont, welcher als Unternehmenskultur beschrieben werden kann.

Konkret können die Bereiche Strategie, Struktur und Kultur anhand folgender Punkte überprüft werden, auf die im Nachfolgenden detaillierter eingegangen wird:

1. Strategien sind – wo sinnvoll – niederlassungsspezifisch.
2. Niederlassungen werden unter anderem mit einem Kennzahlensystem geführt.

3. Aufbau- und Ablauforganisation für Niederlassungen sind vorhanden.
4. Aufbau- und Ablauforganisation für Subsidiary Boards sind vorhanden.
5. Der Einsatz von Schlüsselpersonen läuft professionell.
6. Es existiert eine Nachfolgeplanung.
7. Kultur wird als Führungsaufgabe wahrgenommen.

4.2.1 Niederlassungsspezifische Strategie

Damit ein Unternehmen überlebensfähig ist, muss es sicherstellen, dass es seine Anstrengungen und Aktivitäten auf die erfolgsentscheidenden Aspekte der unternehmerischen Tätigkeit ausrichtet. Einfach gesagt muss es immer wieder darüber entscheiden, „die richtigen Dinge zu tun". Grundlage dieser Ausrichtungsarbeit bildet die Strategie. Die strategische Grundfrage lautet deshalb: „Wie soll unser Unternehmen in fünf bis zehn Jahren in der internen Ausstattung und in der Marktpräsenz aussehen?" Auch Niederlassungen benötigen eine stabile Basis, einen Fixpunkt, an dem sie sich orientieren können, auch wenn sich die Umweltbedingungen ändern. Eine Strategie liefert diese Orientierung.

In einem Unternehmen mit zahlreichen Subsidiaries und Netzwerkpartnern ist es besonders zentral, in einem strategischen Plan festzulegen, welche Qualifikationen im eigenen Unternehmen verbleiben, ob diese im Stammhaus oder in einer Tochter vorhanden sind und welche Qualifikationen durch Partnerschaften oder Übernahmen erworben werden sollen. Dasselbe Strategiepapier zeigt idealerweise auch auf, wie bestehende und neue Tochtergesellschaften und Partner gemanagt werden, um die erwarteten Synergien und Partnerschaften in vollem Umfang auszuschöpfen.

Meistens nimmt man, wenn man sich mit der strategischen Planung in Unternehmen befasst, die Perspektive der Muttergesellschaft ein. Man geht implizit davon aus, dass dort der Fokus der Strategiearbeit liegt und die Mutter die Planung als Kontrollmittel über die Töchter nutzt. Selbst wenn einzelnen Tochtergesellschaften weitgehende Entscheidungsautonomie zukommt, geht man von einer Zentralisierung der strategischen Entscheidungsprozesse aus. Dies muss aber nicht der Fall sein, vor allem nicht, wenn Tochtergesellschaften in unterschiedlichen Bereichen tätig sind. Es gibt durchaus Tochtergesellschaften, die über ausgeprägte und komplexe formale Planungssysteme verfügen, sowohl zur Erstellung jährlicher Geschäftspläne als auch zur Durchführung der strategischen Planung. Die zentralen strategischen Entscheidungen werden dann unter Mitwirkung der Muttergesellschaft in den Tochtergesellschaften selbst getroffen. Geht man aber davon aus, dass die Strategie innerhalb der Zentrale entwickelt wird, so ist es wichtig, diese niederlassungsspezifisch anzupassen und den Niederlassungsverantwortlichen so zu kommunizieren, dass sie von diesen verstanden wird und umgesetzt werden kann. Eine regelmäßige Überprüfung der niederlassungsspezifischen Strategieumsetzung ist ebenfalls essenziell.

4.2.2   Niederlassungsspezifische Erfolgskennziffern

Die finanzielle Steuerung der Tochtergesellschaften und damit die Festlegung des finanziellen Gesamtrahmens sowie die finanzielle Ausstattung der einzelnen Töchter stellt eine wichtige Aufgabe der Zentrale dar.

Die finanzielle Berichterstattung international tätiger Unternehmen weist einige Herausforderungen auf. Je nach Land sind z. B. unterschiedliche Maßstäbe für die Kreditwürdigkeit gegeben; und auch bzgl. der Finanzierungsstrukturen herrschen länderspezifische Unterschiede. Nicht nur trotz, sondern gerade auch wegen derartiger Probleme sind Berichte in regelmäßigen Abständen mit Ist-/Soll- und Plandaten in folgenden Bereichen sinnvoll (Scheffler 1998):

- Jahres- und Zwischenabschlüsse
- Berichte über die Liquidität
- Stand der Kredite
- Mittelzufluss, Mittelfreisetzung, Mittelbedarf
- Berichte über gewählte Finanzierungsformen
- Kurz-, mittel- und langfristige Finanzplanung

Niederlassungen benötigen konkrete Erfolgskennziffern, die in Managementsitzungen regelmäßig überprüft und diskutiert werden. Die Führungskräfte und Entscheidungsträger der Niederlassungen müssen diese Erfolgsgrößen und deren Spezifika kennen und entsprechend berücksichtigen. Die messbaren Erfolgsmaßstäbe sollten aus mehreren Dimensionen zusammengesetzt sein, mit denen sich die Niederlassung von den wichtigsten Konkurrenten abheben kann. Beispiele für solche Dimensionen sind: Kunden, Personal oder Geldgeber (Hilb und Renz 2009). Erfolgskennziffern hierfür könnten sein: Anzahl Wiederholungskäufe, Fluktuationsrate, Verschuldungsgrad. Ein Kennzahlensystem zur Stärkung der Eigenverantwortlichkeit ermöglicht eine gewisse Dezentralisierung des Controllings mit der entsprechenden Ergebnismessung, an die wiederum Zielvereinbarungen gebunden sein können (Müller-Stewens und Brauer 2009).

Das Wort „Kontrolle" wird häufig mit Macht, Zwang oder Aufsicht gleich gesetzt. Dies ist aber lediglich eine der Bedeutungen dieses Wortes; und so sollte auch das Führen über Erfolgskennziffern nicht nur auf diesem einseitigen Kontrollverständnis basieren. Kontrolle kann auch heißen, dass man etwas regelt, steuert, lenkt oder beeinflusst. Diese Definition von Kontrolle wird vor allem in der Wissenschaft der Kybernetik (= Kunst der Steuerung, Regelung und Lenkung) verwendet. Interessant hierbei ist, dass der Begriff Kybernetik vom griechischen gubernetes heute immer noch im Wort Governance zu finden ist. Kennzahlen dienen also einer effektiven und effizienten Subsidiary Governance, indem sie die Steuerung, Regelung und Lenkung der Tochtergesellschaften unterstützen.

4.2.3   Aufbau- und Ablauforganisation der Niederlassung

Strukturen ermöglichen es, eine angemessene Arbeitsaufteilung zu definieren und interne Ergebnisse so zu koordinieren, dass sie effizient zu einem großen Ganzen integriert werden können. Organisationsstrukturen und -prozesse werden deshalb in Form von Aufbau- und Ablauforganisation definiert. In einem globalen Organisationsaufbau stellen einheitliche Werte und Führungsstrukturen die Integrationsfähigkeit sicher, die erforderlich ist, um die unterschiedlichen Geschäftsbereiche und die weltweit ver-teilten Funktionen zu verbinden (Fink und Hartmann 2009). Eine Aufbau- und Ablauf-organisation der Subsidiary stellt hierbei ein wichtiges Erfordernis dar.

Wie diese Struktur ausgestaltet werden sollte, lässt sich nicht einheitlich vorschreiben. Zahlreiche Faktoren wie die strategische Rolle der Subsidiary, die Branche des Unter-nehmens oder die Unternehmensgröße sind hierbei zu berücksichtigen (Böhrer 2010a). Auch die Art der Produkte spielt eine wichtige Rolle bei der Wahl der Organisations-form: Für standardisierte Produkte bietet sich die globale Organisationsform an. Die Strategie wird in der Zentrale erarbeitet und die Subsidiaries setzen diese Vorgaben lokal um. Handelt es sich um Produkte, die an lokale Gegebenheiten anzupassen sind, empfiehlt sich die multinationale Organisationsform. Die Länder behalten viel Auto-nomie, die Zentrale gibt lediglich gewisse Rahmenbedingungen vor. Zwischen den beiden „Extremen" liegt die transnationale Organisationsform. Diese kombiniert die Effizienz der globalen Organisationsform mit der Flexibilität zur lokalen Anpassung. Häufig haben verschiedene Geschäftsbereiche unterschiedliche Stärken und Ressourcen-ausstattungen, die innerhalb des unternehmensinternen Netzwerkes ausgetauscht werden. Die spezielle Herausforderung international tätiger Unternehmen ist das Finden der richtigen Balance zwischen Zentralisierung mit den damit einhergehenden Synergie-potenzialen einerseits und der Lokalisierung und dessen Eingehen auf individuelle Spezifika andererseits (Müller-Stewens und Brauer 2009).

Damit nicht folgende Situation eintritt: „Wir arbeiten in Strukturen von gestern mit Methoden von heute an Problemen von morgen vorwiegend mit Menschen, die Strukturen von gestern gebraucht haben und das Morgen innerhalb der Organisation nicht mehr erleben werden" (Bleicher 1990), kann man Strukturen so bauen, dass sie sich an den Personen orientieren, die im Unternehmen arbeiten und nicht an einer IT-Struktur oder der gewohnten Routinen. Den Mitarbeitenden sind Freiräume zu gewähren, damit diese einen Sinn in ihrer Arbeit erkennen. Zudem sollten sie in die Ent-wicklung der Organisation einbezogen werden und sich nicht durch Fremde in Gefäße gezwängt fühlen. Dabei ist insbesondere eine gute Balance zwischen Netzstruktur, wenig Führungsebenen, großen Vertrauensspannen einerseits und der Kontrollierbar-keit der Struktur andrerseits zu finden. Gerade wenn ein Unternehmen über zahlreiche Subsidiaries praktiziert, stehen Änderungen der Umweltbedingungen auf der Tages-ordnung. Diesen sollten sich die Strukturen flexibel anpassen können. Kann man diese Prinzipien organisatorisch umsetzen, hat man ein Unternehmen, das aus innovativen,

Nr.	Geschäftsvorfall	Tätigkeit / Vorgang	Hilfsmittel	Anzahl Vorgänge	Dauer	Häufigkeit
1	Auftragsabwicklung	Auftrag prüfen				
2	Auftragsabwicklung	Technische Klärung vornehmen				
3	Auftragsabwicklung	Abschlüsse erstellen				
4	Auftragsabwicklung	Unterschriften einholen				

Abb. 4.7 Beispiel eines TSA-Erhebungsbogens

flexiblen Niederlassungen besteht, in denen jedes Mitglied die Kunden, Mitarbeitenden, Eigentümer und die Umwelt kennt (Hilb 2001).

Praxistipp: Aufbau- und Ablauforganisation

Für die Gestaltung von Aufbau- und Ablauforganisationen wird empfohlen, zuerst eine Aufgabenanalyse vorzunehmen, um die Frage zu beantworten: welche Stelle macht was, woran, womit, wo, wann, wie lange und in welcher Reihenfolge? Ein empfehlenswertes Hilfsmittel zur Durchführung dieser Analyse ist die Tätigkeits-strukturanalyse (TSA). Mit dieser werden alle Aufgaben und Aktivitäten eines Funktionsbereiches innerhalb eines definierten Erhebungszeitraums erfasst. Bei der Erhebung werden die Mitarbeitenden direkt involviert, indem man mit ihnen gemeinsam Erhebungsbögen erstellt, in welchen sie während der Erhebungszeit ihre Tätigkeiten erfassen.

Die TSA wird folgendermaßen vorbereitet und durchgeführt:

1. Abgrenzen des Einsatzgebietes
2. Sammeln von Basisinformationen über die Aktivitäten der ausgewählten Bereiche (Prozesse, Stellenbeschreibungen, Gespräche mit Führungskräften und Mitarbeitenden etc.)
3. Definieren von Erhebungsperiode (Jahr, Monat, Tag) und –modus (Selbst-beobachtung, Fremdbeobachtung, Zusammentragen bestehender Daten wie Zeit-erfassung etc.)
4. Gestalten des Erhebungsbogens
5. Organisieren und Durchführen der Erhebung (Wer beobachtet, wer erhebt, wie werden Ergebnisse gesammelt und ausgewertet etc.)

Ein TSA-Erhebungsbogen könnte folgendermaßen aussehen (Abb. 4.7):

Mit den Erhebungsergebnissen lassen sich Auswertungen machen über die Tätigkeiten pro Person und Organisationseinheit, die Aufgabenverteilung zwischen beteiligten Funktionen, die Gewichtung der verschiedener Aktivitäten eines Bereichs, die Aufgabenbelastung einzelner Funktionen oder Muster im Zeitver-lauf. Daraus kann Verbesserungspotenzial zur Vermeidung von Doppelarbeiten, vermeidbaren Unterbrüchen im Arbeitsablauf oder Über-/Unterauslastungen abgeleitet werden. Eine wertvolle Auswertung kann sein, den Zeitaufwand des untersuchten Bereiches nach wertschaffenden und nicht wertschaffenden Tätigkeiten zu untersuchen.

Wichtig beim Durchführen einer TSA ist, die Vorgaben bzgl. Datenschutz und Anonymität der Mitarbeitenden einzuhalten, die involvierten Mitarbeitenden bei der Erhebung zu begleiten und die Ergebnisse in Gesprächen mit Mitarbeitenden und Führungskräften zu plausibilisieren.

Die daraus entstandene Organisation sollte dokumentiert werden, wobei der Dokumentationsumfang abhängt von der Unternehmensgröße, der Aufgabenstandardisierung oder der Unternehmenskultur. Beispiele derartiger Dokumente sind: Stellenbeschreibungen, Organigramme, Funktionendiagramme oder Prozessdarstellungen.

4.2.4 Aufbau- und Ablauforganisation der Niederlassungsaufsicht

Die Existenz einer Niederlassungsaufsicht in Form eines Subsidiary Boards ist innerhalb der meisten Rechtssysteme vorgeschrieben. Doch wie diese Aufsichtsgremien arbeiten und damit mehr oder weniger Wert für die Tochter und das Gesamtunternehmen generieren, ist stark von der Organisation, d. h. von Zusammensetzung, Kompetenz, Engagement und Integrität des Board-Teams abhängig.

Die Boards von Tochtergesellschaften (Subsidiary Boards) als Hauptinstitution von Subsidiary Governance werden von international agierenden Unternehmen sehr unterschiedlich eingesetzt. In der Praxis beobachtet man eher passive Subsidiary Boards, die das gesetzlich geforderte Minimum ihrer Arbeit erfüllen, und daneben aktive Subsidiary Boards, die strategisch mitdenken und mitarbeiten und ihren lokalen Markt mitgestalten. Je nach Unternehmensspezifika und internen sowie externen Faktoren macht bald die eher passive, bald die eher aktive Arbeit eines Subsidiary Boards mehr Sinn. In zahlreichen Unternehmen werden sogar beide Varianten beobachtet, abhängig von der strategischen Bedeutung einer Tochtergesellschaft oder der Erfahrungen des Unternehmens mit einem spezifischen Markt (Böhrer 2011a).

Wichtig ist, dass sich das Unternehmen mit der Frage der Ausgestaltung von Subsidiary Boards aktiv auseinandersetzt. Es sollte Gewissheit darüber bestehen, was vom Subsidiary Board erwartet wird, ob Mitglieder aus der Zentrale und des Subsidiary Managements Einsitz nehmen sollen, ob Anspruchsgruppen im Subsidiary Board repräsentiert sein sollen, wie die Board-Mitglieder untereinander kommunizieren, wie die Kommunikation zwischen Board und Management und zwischen Tochtergesellschaft und Stammhaus ausgestaltet sein soll.

In Anbetracht der komplexen Aufgaben und hohen Erwartungen sowie der Verantwortlichkeit der Boards nach innen und außen sollten Aufbau- und

Ablauforganisation sorgfältig ausgearbeitet und regelmäßig hinterfragt und diskutiert werden. Der Sitzungsrhythmus eines Subsidiary Boards sollte sich grundsätzlich am individuellen, aktuellen Bedürfnis richten, eine feste Regelmäßigkeit (bspw. 4-mal jährlich) ist aber in jedem Fall ratsam.

Expertenwissen: Ausgestaltung Subsidiary Boards Relevanter Einflussfaktor auf die Ausgestaltung der Subsidiary Boards und deren Aufgabenspektrum ist das Anspruchsgruppenumfeld. Treten bspw. kritische öffentliche Gruppen auf, die dem Unternehmen schaden könnten, sind einflussreiche lokale Board-Mitglieder mit guter Reputation zentral. Dies ist auch der Fall, wenn lokale Aufsichtsbehörden oder die lokale Regierung ein erhöhtes Interesse am Unternehmen zeigen. Weiter sind Subsidiary Boards von sich in Teilbesitz befindenden Tochtergesellschaften aktiver (besonders in Bezug auf Überwachung und Koordination) als die der 100 % Tochtergesellschaften (Kriger 1988). Wird über die Tochtergesellschaften hinweg stark diversifiziert oder ist das Unternehmen als Holding organisiert, sind Subsidiary Boards ebenfalls aktiver (Demb und Neubauer 1990). Verfügt das Unternehmen über sophistizierte Informations- und Kontrollsysteme und finden regelmäßige Besuche der Stammhausvertreter in den Subsidiaries statt (Leksell und Lindgren 1982), kontrolliert das Mutterhaus die Töchter also relativ intensiv, wird die Kontrollaufgabe der Subsidiary Boards zu einem gewissen Teil obsolet, die Gremien werden entsprechend passiver oder sie fokussieren sich auf andere Aufgaben wie die Beratung des Management (Huse und Rindova 2001). Wird eine Tochtergesellschaft neu aufgebaut, ist die Mithilfe lokaler Subsidiary Boards hilfreich und wichtig.

4.2.5 Einsatz von Schlüsselpersonen

Schlüsselpersonen gibt es in jeder Organisationseinheit. Dies sind meist Führungspersonen der ersten und zweiten Ebene, wie der Geschäftsleiter einer Niederlassung, der Personalleiter einer Filiale oder der Marketingchef einer Region. Ebenso können wichtige Fachspezialisten wie der leitende Ingenieur der F&E-Abteilung oder der Informatikverantwortliche des Unternehmens Schlüsselpersonen sein. Diese Personen müssen wohl überlegt rekrutiert und entsprechend ihrer Fähigkeiten und den strategischen Stoßrichtungen des Unternehmens eingesetzt und weiterentwickelt werden. Je nach Landeskultur, Entwicklungsstand und Geschäftserfolg der Niederlassung und je nach Umwelt und Position kann das „Idealprofil" des Führungsteams einer Niederlassung unterschiedlich aussehen. Für den Aufbau einer neuen Niederlassung braucht man andere Funktionsstärken als innerhalb einer Wachstums- oder Rückzugsphase. Stößt ein Unternehmen mit seiner Subsidiary bspw. auf grobe Gegenwehr vonseiten einer Umweltaktivistengruppierung, ist es von Vorteil, wenn der Verkaufschef dieser Niederlassung Einfluss auf diese Gruppierungen hat, ein guter Diskussionspartner oder Verhandlungsführer ist oder Erfahrungen mit derartigen Gruppierungen mitbringt.

Wichtig ist, dass die Rekrutierung von Schlüsselpersonen nicht nur die eigentümerorientierte Sichtweise vertritt, sondern auch relevante Anspruchsgruppen des Unternehmens berücksichtigt. Zudem sollten Topnachwuchskräfte mithilfe globaler Entwicklungsprogramme im gesamten Unternehmen ermittelt werden und nicht nur von der Firmenzentrale aus.

Zur Evaluierung von Schlüsselpersonen gehört das Messen ihrer individuellen Stärken und Schwächen. Idealerweise bewertet man regelmäßig ganze Teams, wie etwa die oberste Führungsebene einer Niederlassung. Geht man auf diese Weise an die Evaluation heran, kann man die optimale Zusammensetzung des Teams zusätzlich bewerten. Die Stärken und Schwächen einzelner Personen zu eruieren, ist nicht ausreichend. Es kommt schlussendlich auf die Kombination einzelner Profile an.

4.2.6 Nachfolgeplanung

Aufgrund des großen Einflusses, der Führungskräften für den Fortbestand und die Entwicklung von Organisationen beigemessen wird, sollte der Nachfolgebesetzung von Schlüsselpositionen innerhalb der Tochtergesellschaften eine besonders große Bedeutung zukommen. Schlüsselpositionen haben herausragende Fach- und Führungsverantwortung inne. Sie müssen deshalb vorausschauend mit Nachwuchskräften besetzt werden. Eine langfristig ausgerichtete Nachfolgeplanung innerhalb der Subsidiaries stellt den kontinuierlichen Arbeitsablauf sicher. Weiter ist zentral, dass Mitarbeitende, die Schlüsselpositionen neu besetzen, vorbereitet sind, und nicht eine Situation der Überforderung eintritt. Ideale Lösung für ein professionelles Nachfolgemanagement ist ein Personalentwicklungs-/Nachwuchsförderungsprogramm, innerhalb dessen Mitarbeitende gezielt in Richtung neuer Herausforderungen gefördert werden, was diese in einem hohen Masse an das Unternehmen bindet und eine positive Wirkung auf externe Bewerber mit hohem Entwicklungspotenzial hat (Kunz 2004).

Jene Unternehmen, die bislang auf eine systematische Nachfolgeplanung verzichtet haben, argumentieren unter anderem damit, dass der Einsatz einer solchen Personalplanung zu kostenintensiv und der zukünftige Personalbedarf in wirtschaftlich unsicheren Zeiten ohnedies zu schwer zu prognostizieren sei. Auch assoziieren diese Unternehmen eine Nachfolgeplanung oftmals mit einer abzulehnenden Bürokratie und mit eingeschränkter Flexibilität (Kunz 2004).

Dass ein systematisches Nachfolgemanagement eine positive Wirkung auf den Unternehmenserfolg hat, konnte eine Studie nachweisen, die 110 europäische Unternehmen bzgl. Ihrer Nachfolgeplanung analysierte und herausfand, dass die Unternehmen, die über eine systematische und detaillierte Nachfolgeplanung für ausgewählte Führungspositionen verfügen, im Schnitt eine höhere Anlagenrendite aufweisen als jene Unternehmen, in denen die Nachfolgeplanung nicht existiert (Furkel 2004). Weiter leistet ein professionelles Nachfolgemanagement einen wertvollen Beitrag, um das im Unternehmen vorhandene Wissen auf Dauer zu erhalten. Viele der Kenntnisse aktueller

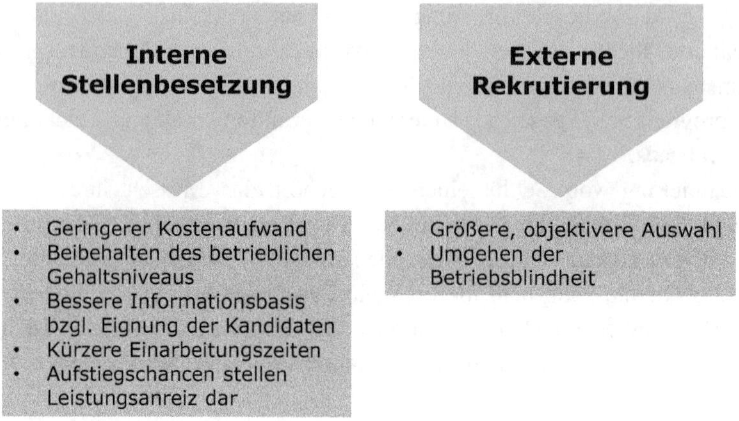

Interne Stellenbesetzung	Externe Rekrutierung
• Geringerer Kostenaufwand • Beibehalten des betrieblichen Gehaltsniveaus • Bessere Informationsbasis bzgl. Eignung der Kandidaten • Kürzere Einarbeitungszeiten • Aufstiegschancen stellen Leistungsanreiz dar	• Größere, objektivere Auswahl • Umgehen der Betriebsblindheit

Abb. 4.8 Nachfolgeplanung – Interne Stellenbesetzung vs. Externe Rekrutierung

Subsidiary-Führungskräfte sind nirgends dokumentiert, teilweise nicht einmal ausgesprochen. Um das in diesen Köpfen vorhandene Wissen für die Unternehmung zu erhalten, müssen Nachwuchskräfte, auf die dieses Wissen systematisch übertragen werden kann, frühzeitig identifiziert werden.

Praxistipp: Nachfolgeplanung

Eine systematische Nachfolgeplanung benötigt erfahrungsbasierte Grundsatzentscheidungen und Informationen über Anforderungen der Zielpositionen, Qualifikationen und Karrieremotive der potenziellen Kandidaten sowie die zeitliche Verteilung der Vakanzen.

Bei der Wiederbesetzung von Führungsposten stehen grundsätzlich zwei Möglichkeiten zur Verfügung: interne Stellenbesetzung oder externe Rekrutierung. Abb. 4.8 stellt die Vorteile der beiden Varianten zusammen:

Hat man sich für die interne Stellenbesetzung entschieden, bieten sich zwei strategische Alternativen an: Man selektiert und fördert gezielt eine Nachwuchsführungskraft für die zukünftige Besetzung einer spezifischen Position, oder man baut einen Pool flexibel einsetzbarer Nachwuchsführungskräfte auf, die in Abhängigkeit vom Stellenbedarf sowie von Fähigkeiten und Präferenzen der Personen einer konkreten Stelle zugeordnet werden.

Bezüglich des ratsamen Planungszeitraumes scheint ein Horizont von drei bis fünf Jahren optimal zu sein. Für einen Zeitraum darüber hinaus ist die Prognosemöglichkeit des künftigen Nachfolgebedarfs weitgehend unrealistisch. Entscheidet man sich für einen Planungshorizont unter drei Jahren, ist die Gefahr für mögliche Fehlbesetzungen durch zu kurzfristige Entscheidungen groß.

Informationen, die den Ablauf des Nachfolgemanagements und die geplanten Stellenbesetzungen betreffen, an Mitarbeitende weiterzugeben, hat Vor- und Nachteile: Einerseits kann eine Mitteilung über eine geplante Stellenbesetzung zu Unstimmigkeiten und Rivalitäten unter den Mitarbeitenden führen. Andererseits kann eine derartige Information die Leistungsbereitschaft unter den Mitarbeitenden erhöhen. Aufstiegs- und Entwicklungsperspektiven haben einen hohen Motivationswert.

Mit dem Zeitpunkt der endgültigen Bestimmung des Nachfolgers ist der Nachfolgeprozess noch nicht abgeschlossen. Es bedarf einer fortlaufenden Erfolgskontrolle der im Rahmen der Nachfolgeplanung getroffenen Entscheidungen, um feststellen zu können, ob die damit verbundenen Ziele erreicht wurden.

4.2.7   Kultur als Führungsaufgabe

Die Unternehmenskultur, welche sich natürlich nur bedingt steuern und gestalten lässt, kann helfen, räumliche Distanzen zwischen den einzelnen Standorten eines Unternehmens zu überbrücken. „Siloartige" Unternehmenskulturen erschweren es, interdisziplinär und über verschiedene Länder hinweg in Projektstrukturen zu arbeiten (Böhrer und Wolf 2011). Durch gemeinsam geteilte Werte und Normen kann bei den Mitarbeitenden das Gefühl „wir sind eine große Familie" entstehen. Kultur sollte deshalb ein wichtiges Managementthema sein. Die Geschäftsleitung sollte sich in regelmäßigen Abständen fragen: Kennen wir unsere Kultur? Welche Einstellungen, Normen, Werte, Erwartungen, gemeinsame Erfahrungen und Sprachen existieren in unserem Unternehmen? Eine globale Mentalität, die interkulturelle Unterschiede ernst nimmt und in der täglichen Arbeit berücksichtigt, kann einen hohen Mehrwert bieten. Die Erfahrung zeigt, dass sich für gewöhnlich auch bei Unternehmen mit vielen Subkulturen gemeinsame, übergreifende Orientierungsmuster herausbilden, die ein Mindestmaß an Homogenität und Zusammengehörigkeit sicherstellen (Schreyögg und Geiger 2016).

Organisationsmitglieder können sowohl zur Muttergesellschafts- als auch zur Tochtergesellschaftskultur gehören. Denkbares Beispiel wäre hier ein Geschäftsleitungsmitglied des Stammhauses, das gleichzeitig Board-Mitglied einer Tochter ist. Dies kann zu Loyalitätskonflikten führen bspw. wenn aus der Sicht des Stammhauses der Standort Italien die Produktionsprozesse nicht effizient gestaltet, und deshalb vielleicht über eine Verlagerung des Produktionsstandortes nach Osteuropa diskutiert wird, während das Subsidiary Board Italien nicht viel davon hält, die streng standardisierten, eng getakteten Prozessvorgaben aus der Zentrale eins zu eins umzusetzen, sondern vielmehr den Arbeitsrhythmus an die im Land gewohnten und institutionalisierten Arbeitsweisen anzupassen. Auf welcher Seite steht das Geschäftsleitungsmitglied italienischer Abstammung, das im Stammhaus in Deutschland Karriere gemacht hat, dort zuständig ist für den gesamten Bereich Südeuropa und gleichzeitig die Board-Position für Italien besetzt? Derartige Dilemmata, bei denen das Thema Kultur eine große Rolle spielt, müssen bemerkt und offen diskutiert werden. Indem die Konzernführung die Unternehmenskultur überhaupt thematisiert, ist bereits ein zentraler Schritt getan. Werden zudem Grundwerte vermittelt, vorgelebt und umgesetzt, pflegt und fördert die Konzernführung die Unternehmenskultur.

Das Ziel der Schaffung einer Unternehmenskultur ist es, gemeinsam Orientierung und Werte zu entwickeln, die das Handeln der einzelnen Subsidiaries kanalisieren. Durch die Förderung starker Subkulturen innerhalb eines international tätigen Unternehmens kann besser auf die lokale Umwelt und die unterschiedlich ausgerichteten Anforderungen reagiert werden (Theisen 2000).

Expertenwissen: Typologien und Effekte von Unternehmenskulturen Kultur lässt sich als ein System von Denk- und Verhaltensweisen, Wertvorstellungen und Spielregeln im Umgang miteinander beschreiben. Die Mitglieder einer Kultur haben dieses System von klein auf erlernt und orientieren sich immer wieder daran. Die Kulturstandards werden von der Mehrzahl der Mitglieder «für sich persönlich und andere als normal, selbstverständlich, typisch und verbindlich angesehen» (Thomas 1993). Eine Kultur sorgt damit für eine automatische Koordination dezentraler Entscheide durch die gemeinsame Ausrichtung des Denkens und Handelns. Dieser Kulturbegriff betont das Verbindende. Er lässt sich nicht nur auf Nationen, sondern auf jede Art von Gruppe anwenden. Beispiele für solche Gruppen sind Unternehmen, Vereine, Teams oder sogar Partnerschaften, in denen sich gewisse Umgangsformen etabliert haben, die sich von den Umgangsformen ihrer Umwelt unterscheiden.

Unter Unternehmenskultur wird „die Gesamtheit von Wertvorstellungen, die das Verhalten der Mitarbeitenden aller Stufen und somit das Erscheinungsbild des Unternehmens prägen" (Pümpin et al. 1985), verstanden. Die Unternehmenssprache ist ein Beispiel eines kulturellen Elementes. Die Unternehmenskultur hilft, normative Grundlagen des Unternehmens in konkrete Denkweisen und Handlungen zu überführen. Sie verleiht damit einem Unternehmen seine individuelle Systemidentität und bietet den Systemmitgliedern eine Art Korridor für das zukünftige, von ihnen erwartete Verhalten (Bleicher 1996). Kultur zu managen, ist besonders deshalb eine der größten Herausforderungen, weil sie nicht sichtbar ist und nicht offensichtlich analysiert und verbessert werden kann.

Unternehmenskulturen lassen sich in zahlreiche Dimensionen unterteilen, Abb. 4.9 stellt nur einige wenige Beispiele vor:

Wichtig ist hierbei, zu erkennen, dass nicht eine einseitige Ausprägung die beste sein muss, sondern Kombinationen bzw. ausgewogene Ausprägungen ein guter Ansatz sein können. Ein Beispiel hierfür wäre eine Unternehmenskultur, die eine Balance anstrebt zwischen einer informellen Vertrauenskultur und einer formalisierten Kommunikation.

Eine andere, recht populäre Typologie ist die jenige von Deal und Kennedy (1982), die vier Typen unterscheidet:

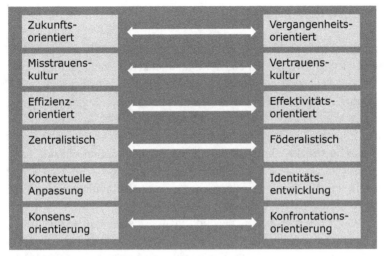

© Renz & Böhrer 2012

Abb. 4.9 Dimensionen von Unternehmenskulturen. (In Anlehnung an Hilb 2001; Bleicher 1990; Gomez und Zimmermann 1993)

- Alles oder Nichts-Kultur (Risikoreiche Startkulturen)
- Saure Wochen, schöne Feste-Kultur (Turbulent-zupackende Außenorientierung)
- Analytische Projektkultur (Hohes Risiko wird durch Akribie und Hierarchie klein-gearbeitet)
- Prozesskultur (Null-Fehler-Kultur, in der man nicht auffallen will)

Unternehmenskulturen haben positive wie negative Effekte (Schreyögg und Geiger 2016). Die positiven sind:

- Kompassfunktion
- Reibungslose Kommunikation
- Rasche Entscheidungsfindung
- Zügige Implementation
- Geringer formaler Kontrollaufwand
- Motivation und Teamgeist
- Stabilität

Die negativen Effekte sind:

- Tendenz zur Anschließung
- Abwertung neuer Orientierungen
- Wandelbarrieren
- Fixierung auf traditionelle Erfolgsmuster
- Verhaftung im Kulturdenken

4.3   Integritätsmanagement

Bilanzbetrug, Insiderhandel und Korruption sind nur einige Wirtschaftsdelikte, die – so scheint es – in letzter Zeit zunehmend der Öffentlichkeit bekannt und auch strafrechtlich verfolgt werden. Seitens Dachverbände oder Gesetzgeber wird versucht, mit Corporate Governance und Compliance Dämme dagegen zu errichten.

„Gutes Handeln" ist aber nicht nur eine Frage von Gesetzestreue oder dem Einhalten von Regeln. Ethische Überlegungen sind da notwendig, wo Gesetze und Regeln fehlen, bzw. wo diese für den konkreten Einzelfall interpretiert werden müssen. Je größer der Interpretationsspielraum, desto geforderter sind Mitarbeitende im konkreten Moment. Dazu ein Beispiel: Wie geht eine Führungsperson mit sich aufdrängenden Entlassungen um? Wen soll sie entlassen, wen nicht, mit welchen Überlegungen? Ein anderes Beispiel ist der Gebrauch von informellen Informationskanälen: In welchen Fällen unterlaufen informelle Informationskanäle offizielle Prozesse? Besorgen sich Mitarbeitende Informationen lieber über informelle Kanäle? Nutzen Vorgesetzte informelle Kanäle gar strategisch, um sich z. B. besser zu positionieren?

Verstöße von eigenen Mitarbeitenden gegen Gesetze, Weisungen, formelle oder informelle Normen können enormen Schaden anrichten: Kurzfristig kann ein Rechtsbruch zu hohen Bußen, Unterlassungsklagen, Entzug von behördlichen Bewilligungen oder sogar Betriebsschließungen führen. Langfristig ist die Reputation der Unternehmung z. B. als faire Produzentin, verantwortlich handelnder Konzern, interessante Arbeitgeberin oder vertrauenswürdige Partnerin möglicherweise existenziell beeinträchtigt. Für jede Unternehmung kann es daher nur darum gehen sicherzustellen, dass Gesetze, Statuten und Weisungen wie auch informelle Normen verstanden und eingehalten werden.

Integrität im betrieblichen Alltag bedeutet, dass eine Unternehmung in Konsistenz mit den Absichten, Plänen und konkreten Vorgaben arbeitet. Gibt es Abweichungen, ist eine integre Firma darum bemüht, diese in vernünftiger Zeit zu klären, d. h. entweder das in Abweichungen resultierende aktuelle Vorgehen zu legitimieren oder die Vorgaben durchzusetzen und das Vorgehen zu korrigieren. Dies ist in der Komplexität einer internationalen Unternehmensstruktur eine enorme Herausforderung. Mit einem unternehmensweiten Integritätsmanagement soll eine Unternehmung aber nicht ein möglichst feinmaschiges Gesetzes- und Regelwerk aufspannen, im Gegenteil: Mit einem guten Integritätsmanagement befähigt sie die Mitarbeitenden sowohl im Mutterhaus wie in den verschiedensten Niederlassungen, sich in täglichen Dilemmas reflektiert und sicher zu bewegen. Manager unterstützen die Mitarbeitenden pro-aktiv. Sie verlassen sich nicht nur auf das Vertrauen (Renz 2012). Das ist zwar wichtige Grundlage, kann aber in konkreten ethischen Herausforderungen überfordern. Manager sollen auch nicht nur einen uniformen Verhaltenskodex erstellen, sondern in Mutterhaus wie Niederlassungen Prozesse fördern und Gefäße schaffen, innerhalb derer Mitarbeitende konkrete Dilemmas verstehen und lösen können.

Die Folgen eines fehlenden Integritätsmanagements sind vielfältig. Wozu Gier, unethisches oder nachlässiges Verhalten in Unternehmen führen können, wurde nicht erst während der Finanzkrise deutlich. Bei etlichen Korruptionsaffären in vielen Ländern standen Manager und Firmenchefs am Pranger, oft sogar vor Gericht. Organisationen mit gutem Integritätsmanagement – ob als solches benannt oder nicht – arbeiten mit weniger negativen Reibungsverlusten. Mobbing und Diskriminierungen am Arbeitsplatz sind Ausnahmen, wenn sie überhaupt existieren. Die Mitarbeitenden zeigen Loyalität, die Kunden Vertrauen und die Organisation ist ein glaubwürdiger Partner.

Integritätsmanagement braucht eine Wertebasis. Diese muss letztlich jede Unternehmung für sich gestalten. Als grundsätzlich können Werte guter Zusammenarbeit bezeichnet werden. Denn gute Zusammenarbeit innerhalb der Unternehmung – z. B. zwischen Mutterhaus und Subsidiaries oder mit strategischen Partnern – ist in der heutigen, hochspezialisierten Wirtschaft überlebensnotwendig. Grundwerte einer guten Zusammenarbeit müssen sorgfältig identifiziert, gefördert und gelebt werden. Im Kontext internationaler Organisationen heißt das, dass ein Dialog zwischen Mutterhaus und Niederlassung existiert, innerhalb dessen Werte und deren Wichtigkeit immer wieder thematisiert werden, bspw. anlässlich gegenseitiger Besuche. Das Mutterhaus hat sicherzustellen, dass in den Niederlassungen die definierten Werte gelebt werden. Neben einer professionellen Kommunikation ist der Einbezug der Niederlassungen in die Entwicklung der Werte und Leitideen zentral. Dabei sind insbesondere auch interkulturelle Herausforderungen pro-aktiv anzugehen. Ebenso sollten integritätsfördernde Prozesse auf die ganze Organisation ausgedehnt werden. Letztlich muss sich ethische Reflexion durch sämtliche Hierarchiestufen ziehen und Bestandteil der täglichen Arbeit werden.

Integre Organisationen haben Werte und Leitideen der Zusammenarbeit geklärt[1] und Prozesse, die ethisch reflektiertes Verhalten anregen, implementiert. Sie zählen auf

---

[1] Zur vertieften Definition und Klärung von Werten und Leitideen kann ein Blick auf insbesondere zwei relevante Philosophieansätze helfen, nämlich die Anerkennungsethik und die Diskursethik. Die Anerkennungsethik kann als Wertebasis für Zusammenarbeit dienen. Sie setzt sich mit verschiedenen Facetten von Anerkennung auseinander: Anerkennung kann z. B. eine individuelle Dimension haben, wenn man einen Mitarbeiter oder eine Mitarbeiterin für die ihr typische Zuverlässigkeit schätzt und lobt. Anerkennung hat aber auch eine sogenannt rechtlich-politische Dimension, wenn man Mitarbeitende gleich behandelt (bspw. Lohngerechtigkeit). Schlussendlich hat Anerkennung auch eine soziale Dimension, bei der es darum geht, Andersartigkeit des Gegenübers mit Respekt zu behandeln (negativ: „der Ausländer kann sich ja eh nicht wehren", oder positiv Beispiel: „den Kunden gut behandeln, auch wenn er es eh nicht merken würde"). Die Diskursethik kann quasi als prozedurale Ethik helfen, Konfliktsituation aufzulösen. Gemäß der Diskursethik heißt ethisches Handeln, dass Probleme angesprochen werden, nicht nur weil man diese ansprechen muss, sondern auch aus einem genuinen Interesse, (ethisch) korrekt zu handeln. Sie fordert auch, dass Gefäße zur machtfreien Thematisierung ethischer Dilemmas existieren müssen. Letztlich kann sie den Einzelnen unterstützen, korrekt zu handeln, wenn er oder sie sich nicht absprechen kann und ein ethisches Dilemma quasi im Alleingang lösen muss (Ulrich 2008; Renz 2007; Pless und Maak 2004).

Führungsvorbilder, die Integrität in der Organisation vorleben. Dies lässt sich anhand folgender Merkmale eruieren:

1. Es existiert eine Problemlösungskultur.
2. Mitarbeitende übernehmen gerne Verantwortung.
3. Es herrscht ein respektvoller Umgang.
4. Mitarbeitende verstehen, was ethisches Fehlverhalten ist und inwiefern dies der Unternehmung schaden kann.
5. Es existiert ein System zur regelmäßigen Überprüfung ethischen Verhaltens.
6. Integrität wird als Führungsaufgabe wahrgenommen.

Expertenwissen: Complianceprogramme und Integritätsprogramme Compliance bedeutet nichts anderes als die Übereinstimmung aller Handlungen der Unternehmung mit den Erfordernissen von Gesetzen, Statuten und Weisungen. Compliance schafft Vertrauen und bildet die Grundlage dafür, wie ein Unternehmen Geschäfte macht. Es gibt Compliance hinsichtlich des Umgangs mit Mitarbeitenden, unternehmerischer Integrität, Sicherheit, Gesundheit, Arbeitsgesetze, Unternehmensführung oder Umwelt.

Häufig ist die Grenze zwischen rechtlich erlaubtem und ethisch problematischem Verhalten fließend. Compliance lässt sich daher nur dann sicherstellen, wenn die Übereinstimmung unternehmerischen Tuns mit ethischen Grundsätzen einbezogen wird.

Hilfreich ist eine Unterscheidung von Compliance- und Integritätsprogrammen, wie in Abb. 4.10 dargestellt (Göbel 2006). Bei den Erstgenannten geht es primär darum, kriminelles Handeln zu verhindern, während mit Integritätsprogrammen moralisches Handeln ermöglicht werden soll. Eine Unternehmung kann sich gemäß der Zielsetzung und je nach angenommenem Menschenbild für eine der beiden Varianten oder eine gezielte Mischung der beiden entscheiden.

	Complianceprogramm	**Integritätsprogramm**
Zielsetzung	Externe Verhaltensstandards und Gesetze einhalten	Moralische „Selbststeuerung" der Mitarbeitenden erreichen
Steuerungs-philosophie	Verhinderung kriminellen Handelns	Ermöglichung moralischen Handelns
Menschenbild, Verhaltens-annahme	Wesen mit materiellem Eigeninteresse, extrinsisch motiviert	Soziales Wesen, Eigeninteresse, aber auch Ideale und Werte
Maßnahmen	Schulung Beschränkung der Handlungs-spielräume, Überwachung, Kontrolle, Strafen	Schulung, Vorbilder, persönliche Verantwortung Organisatorische Maßnahmen, Überwachung, Kontrolle, Strafen

Abb. 4.10 Unterschiede von Complianceprogrammen und Integritätsprogrammen. (Göbel 2006)

4.3.1   Problemlösungskultur

Integre Unternehmen haben eine Kultur, Probleme anzusprechen und lösungsorientiert anzugehen. Dies ist grundlegend für gute organisationale Zusammenarbeit. Dazu benötigt es entsprechende Gefäße. Mitarbeitenden müssen Möglichkeiten zur Verfügung stehen, um Fragen und Probleme anzubringen. Nur wenn Probleme auf den Tisch kommen und nur wenn alle Mitarbeitenden inkl. der Führungsetage ein Interesse daran haben, Fragen und Probleme durch vorbehaltlose Kommunikation zu klären, kann von einer positiven Problemlösungskultur gesprochen werden.

Um Integrität jenseits des Mutterhauses auch auf Stufe Subsidiary sicherzustellen, sollten die Verantwortlichen eine offene Kommunikation und Lösungsorientierung einfordern und fördern. Auch das Management der Niederlassung sollte gewandt darin sein, heikle Themen offen anzusprechen und aus den gemachten Fehlern Lehren für die Zukunft zu ziehen. Zentrales Instrument ist dabei die Institutionalisierung von Kommunikationsgefäßen ebenso wie von Eskalationsprozessen, falls ein Problem nicht innerhalb einer spezifischen Niederlassung gelöst werden kann. Schon allein die Existenz solcher Prozesse bezeugt das Interesse des Mutterhauses an den Bedürfnissen und Herausforderungen der Niederlassungen und gibt gleichzeitig Einblick in Niederlassungsführungsthemen.

> **Praxistipp: „Integrität im Alltag" auf die Tagesordnung setzen**
> Eine gute Problemlösungskultur zu erreichen oder eine integre Organisation zu sein, impliziert primär Arbeit. So wie eine neue Produktlinie nicht ohne gezielte Entscheidung und das Zugeständnis von wichtigen Zeiträumen lanciert werden kann, braucht eine starke Problemlösungskultur Gefäße und Zeitzugeständnisse. Es mag zu Beginn fremd anmuten und ist doch ein einfacher und kostengünstiger Start, die Thematik etwa unter dem Titel „Integrität im Alltag" als Reflexionspunkt auf wöchentliche oder monatliche Tagesordnungslisten zu setzen. Das zeigt Commitment und gibt der Organisation die Chance, einzelne Geschehnisse (selbst-)kritisch aufzugreifen und sich kontinuierlich zu verbessern. Eine derartige bewusste Auseinandersetzung ist gerade für Niederlassungen, welche sich in einem Schnittfeld zwischen der Landeskultur und der Unternehmenskultur befinden, zur eigenen Stärkung fundamental.

4.3.2   Verantwortungsübernahme

Eine weitere Grundlage einer integren Organisation ist der Umgang mit Verantwortung. Übernehmen Mitarbeitende gerne Verantwortung oder versucht man sich „zu drücken"? Existieren Selbstverantwortung und ein Zugehörigkeitsgefühl? Insbesondere in der Zusammenarbeit über mehrere Einheiten – z. B. Mutterhaus mit Niederlassungen oder

Zentrale mit strategischen Partnern – reicht allein die Klärung der Verantwortung im Sinne von Aufgaben-Kompetenzen-Verantwortung (häufig mit „AKV" abgekürzt) nicht. Es muss auch eine Verantwortungskultur geschaffen werden. Die Mitarbeitenden sollen ermuntert werden, Verantwortung zu übernehmen; Vorgesetzte unterstützen Entscheidungen, welche in ihrer Abwesenheit nach bestem Wissen getroffen wurden; über Entscheidungen mit negativen Konsequenzen kann offen gesprochen und daraus gelernt werden.

Fühlen sich die Mitarbeitenden (im positiven Sinne) mitverantwortlich, wird die Unternehmung bspw. besser auf sich ändernde Dynamik in ihren Märkten reagieren. Eng verbunden damit ist das Thema unternehmensinternen Unternehmertums, so genannte „Intrapreneurship". Wenn sich Subsidiary-Mitarbeitende innerhalb eines international tätigen Unternehmens so verhalten, als ob sie selbst Unternehmer wären, bedeutet das, dass sie Verantwortung für das Geschäft „ihrer" Subsidiary übernehmen. Dies hat einen stark positiven Effekt auf die Motivation der Subsidiary-Mitarbeitenden. Zudem werden Aufträge aus der Zentrale nicht einfach unhinterfragt ausgeführt. Verantwortungsvolle „Binnenunternehmer" denken und handeln pro-aktiv, d. h. sie suchen nach Verbesserungsmöglichkeiten, nach neuen strategischen Chancen, arbeiten aktiv mit Kritiken der Kundschaft etc. In einer internationalen Struktur ist Verantwortungsübernahme auch für die Innovationsfähigkeit der Unternehmung existenziell: Wichtige Entscheidungen über lokale Innovation, Kommunikation und Produkteinführungen können dann in die Hände der Mitarbeitenden gelegt werden, die diesen Märkten am nächsten sind.

4.3.3 Gegenseitiger Respekt

Der zentralste aller Werte guter Zusammenarbeit ist der gegenseitige Respekt – nicht Respekt im Sinne übertriebener Freundlichkeit oder Freundschaft, nicht unterwürfiger Respekt gegenüber sogenannten Respektspersonen, sondern primär die Anerkennung des Gegenübers als vollwertigen und gleichwertigen Menschen.

Anerkennen sich die Mitarbeitenden eines Unternehmens trotz allfälliger Fehler oder Schwächen gegenseitig als vollwertige Menschen, kann von einer Respektkultur gesprochen werden. Dazu gehört, dass Mitarbeitende einander fair behandeln, dass eine gesunde Loyalität gegenüber der Unternehmung, gegenüber Vorgesetzten wie Untergebenen existiert, dass sich keine Gerüchteküche entwickelt, dass Diskriminierung im Keim erstickt wird und dass Vorgesetzte und Mitarbeitende gute Leistung und deren Erbringer angemessen würdigen.

Die Unternehmensführung ist hier gefordert: Sie muss sicherstellen, dass man sich innerhalb des Unternehmens damit auseinandersetzt, wie der Umgang untereinander und mit Externen (Lieferanten, Kunden etc.) gepflegt wird. Je größer Kulturunterschiede zwischen Zentrale und Niederlassungen sind, desto wichtiger wird diese Auseinandersetzung, vor allem vor dem Hintergrund, dass das Begriffsverständnis von „Respekt" ja nach Landeskultur sehr unterschiedlich ausgeprägt sein kann und dementsprechend bspw. die Erwartungen eines Kunden an den Service und die Kommunikation im Land A anders definiert sind als im Land B. Eine Offenheit vonseiten der Zentrale bzgl. derartiger Differenzen ist deshalb wichtig. Konkret: Standardisierte, vorformulierte Briefe an Kunden sind selten angebracht, da gewisse Ausdrucksweisen dem individuellen, landestypischen Verständnis von Respekt angepasst werden müssen. Lokale Führungskräfte sind hier gefragt, die immer wieder sicherstellen, dass gerade im Bereich Marketing/Kommunikation/Einkauf das Stammhaus derartige Überlegungen nicht versäumt.

4.3.4 Verständnis für ethisches Fehlverhalten

Nur wenn Mitarbeitende und Führungskräfte wirklich verstehen, inwiefern ethisches Fehlverhalten der Unternehmung oder dem Umfeld schadet, kann von einer „integren" Kultur und einer integren Organisation gesprochen werden. Korruption beispielsweise kann kurzfristig geschäftsfördernd sein, langfristig wird eine Organisation aber erpressbar. Sie hat nicht nur ihre Werte und Glaubwürdigkeit kompromittiert, sondern möglicherweise auch ihren strategischen Spielraum. Dieses Verständnis ist letztlich viel zentraler, als zu wissen, dass Korruption strafbar ist.

Im Kontext Mutterhaus – Niederlassung muss es den Führungskräften ein ganz wichtiges Anliegen sein, auch in den Niederlassungen das Bewusstsein zu fördern, wie (geschäfts-)schädigend ethisches Fehlverhalten letztlich ist. Tätigt ein Unternehmen regelmäßig Geschäfte mit oder in einem Land, in dem Korruption zum Alltag gehört, sollte die Geschäftsführung ernsthaft in Betracht ziehen, sich aus diesem Land zurückzuziehen.

Zahlreiche Unternehmen verfügen über Verhaltenskodizes, innerhalb derer Verhaltensstandards festgelegt und an Mitarbeitende kommuniziert werden. Ein Kodex allein, möge er noch so fortschrittlich gestaltet sein, wird dem genannten Bedürfnis noch nicht gerecht: Er muss durch Trainings- und Sanktionsmaßnahmen begleitet werden; Fragen über integres Handeln sollen regelmäßig Thema der internen Kommunikation sein, sowohl unternehmensweit als auch niederlassungsspezifisch; Verhaltensfragen sollten in Managementmeetings thematisiert werden, auch zwischen Mutterhaus und Niederlassungsmanagement; und die Effektivität des Kodex selbst sollte regelmäßig hinterfragt werden.

Ein Verständnis für ethisches Fehlverhalten geht einher mit dem Verständnis, was man mit ethischem Verhalten gewinnt. Eine übertriebene Quartalstaktung verschleiert hier leider das Blickfeld, denn „gutes ethisches" Verhalten lohnt sich vor allem längerfristig, z. B. für eine nachhaltige Existenz einer Unternehmung oder einer Niederlassung, für die über längere Zeit entstehende Glaubwürdigkeit bei Kunden oder wichtigen Partnern in der Wertkette und letztlich auch für die individuelle Sicherheit und Gewissheit, sich nicht eines Tages in den immer rigoroseren Regelwerken strafbar zu machen.

4.3.5 Prüfung ethischer Verhaltensregeln

In der nicht so fernen Vergangenheit haben internationale Firmen die Sicherstellung von ethischen Verhaltensregeln explizit oder auch unausgesprochen an die lokale Niederlassungsleitung delegiert: „Die oder der wird es schon richtig machen!" Dies reicht mittlerweile nicht mehr. Aber so wie Arbeitsverträge nicht nur den globalen Vorgaben einer Firma, sondern auch den lokalen Anforderungen angepasst sind, so wie sogar die globalsten Produkte auf den lokalen Markt zugeschnitten werden müssen, so müssen auch ethische Verhaltensregeln sowohl den globalen Anforderungen entsprechen als auch lokal implementiert und überprüft werden.

Das Bewusstsein für ethische Belange kann nur dann gefördert werden, wenn Prozesse innerhalb des Unternehmens und für jede Niederlassung definiert sind. Es geht darum, in jeder Niederlassung Prozesse zu implementieren, die Integritätsthemen kontinuierlich „auf den Tisch bringen" und die Bewusstwerdung und Erfassung ethischer Spannungsfelder unterstützen. Checklisten erfüllen zum Beispiel diese Funktion. Vorstellbar wäre, dass in regelmäßigen Abständen von sämtlichen Mitarbeitenden ihrer Funktion entsprechende Fragen zur Einhaltung ethischer Verhaltensregeln beantwortet werden. Dadurch werden die Mitarbeitenden kontinuierlich für kritische Themen sensibilisiert. Entsprechende Auswertungen auf Managementebene führen dazu, dass Integritätsproblematiken regelmäßig Teil der Agenda sind.

Ein weiterer Prozess könnte über die Funktion des Compliance Officer kanalisiert werden. Compliance Officer tragen durch präventive Maßnahmen und Schulungen sowie Information und Beratung dazu bei, dass Gesetze, interne Weisungen und geschäftsethische Grundsätze eingehalten werden.

Verletzungen ethischer Verhaltensregeln sollten an eine Ansprechperson adressiert werden. Whistleblower-Stellen können eingerichtet werden, denen Mitarbeitende Verstöße gegen Normen melden, umso zur Aufklärung und angemessenen Ahndung des Sachverhalts beizutragen. Die Einrichtung einer externen Ombudsstelle kann helfen, Unregelmäßigkeiten nachzugehen, die im Zusammenhang mit Organmitgliedern oder Mitarbeitenden der internen Revision stehen.

Praxistipp: Einführung eines Compliance-Programms

Größere Unternehmen verfügen über ein spezifisches Compliance Komitee und Compliance-Programme, welche das Bewusstsein unter den Mitarbeitenden fördern sollen. Ziel von Compliance-Programmen ist, die Unternehmenswerte, die häufig innerhalb von Führungsprinzipien und Verhaltenskodizes festgeschrieben sind, umzusetzen. Konkret geschieht das in Form von Schulungen, E-Learning-Instrumenten, Betrugsdatenbanken etc.

Ein solches Programm sollte mindestens umfassen (Aibel 1987):

- Verhaltenskodex für Unternehmensangehörige
- Disziplinarordnung mit Konsequenzen bei Verstößen gegen den Verhaltenskodex
- Identifikation   kritischer   Schwachstellen   und   Erarbeitung   von Präventionsmaßnahmen
- Zugewiesene Untersuchungskompetenzen für Verstöße
- Ermächtigung der Rechtsabteilung zur Anzeige von Rechtsverletzungen

Ein Fallbeispiel einer Corporate Compliance Policy kann bei der Firma Bosch gefunden werden (www.bosch.com/de/unternehmen/nachhaltigkeit/verantwortung). Bosch hat einen weltweit gültigen Code of Business Conduct erstellt und darüber hinaus einen Verhaltenskodex für Geschäftspartner entwickelt, um rechtmäßiges und verantwortungsvolles Verhalten über die Unternehmensgrenzen hinweg sicherzustellen. Innerhalb von Bosch gibt es des weiteren ein ausführliches Compliance-Managementsystem mit folgenden Aspekten:

- Ein Chief Compliance Officer berichtet direkt an die Geschäftsführung.
- In den Geschäftsbereichen und Regionen gibt es Compliance Officer, die an eine zentrale Compliance-Abteilung berichten
- Präventions- und Kontrollmaßnahmen wie ein Vier-Augen-Prinzip, Job-Rotationen in sensiblen Bereichen und regelmäßige Audits
- Über ein sogenanntes „Hinweisgebersystem" können Mitarbeitende, Geschäftspartner und Dritte regelwidriges Verhalten melden
- Es existiert ein verpflichtendes Compliance-Schulungsprogramm für alle Mitarbeitenden
- Über das Format des „Compliance Dialog" findet ein regelmäßiger Austausch zwischen Führungskräften, Mitarbeitenden und Compliance Officern zu relevanten Compliance-Themen statt.

4.3.6 Führung und Kontinuität im Integritätsmanagement

Ist Integrität als Führungsaufgabe definiert und integriert, werden ethische Dilemmata im Arbeitsalltag adäquat gelöst, und die Integrität des Unternehmens bleibt gewahrt (Hilb und Renz 2009). Deshalb müssen Integritätsthemen regelmäßig auf der Management-Agenda stehen. Alle Führungsebenen sollten sich regelmäßig fragen, welche ethischen Herausforderungen innerhalb des Unternehmens existieren und wie diese angegangen werden. Manager integrer Organisationen diskutieren regelmäßig Themen wie Werte, Spannungsfelder oder Ethik und leiten Maßnahmen zur Integritätsförderung ab. So fördern sie eine Respekt- und Problemlösungskultur und leben sie selbst vor.

Auch wenn ein Unternehmen spezifische Stellen für Integritätsfragen eingerichtet hat, ist eine vollständige Delegation des Themas von der Unternehmensleitung auf nachgeordnete Stellen wie insbesondere auf Niederlassungen nicht möglich. Die Unternehmensspitze muss sich zu integrem Verhalten bekennen und dies vorleben. In Unternehmen mit zahlreichen Tochtergesellschaften ist eine gewisse Dezentralisierung von Compliance- und Integritätsfragen unvermeidlich. Die Herausforderungen können je nach Region und Tätigkeitsschwerpunkt der Niederlassung von denen des Hauptsitzes differieren. Gewonnene Informationen sollten dann aber an die Zentrale gemeldet und dort zur unternehmensweiten Verbesserung des Integritätsmanagements verarbeitet werden. Eine zentrale Überwachung der Maßnahmenumsetzung ist ratsam.

4.4   Erweitertes Stakeholder- bzw. Anspruchsgruppenmanagement

Von jeder geschäftlichen Betätigung sind zahlreiche interne und externe Personen und Gruppen betroffen, unabhängig davon, ob sie aktiv an der Wertschöpfung teilnehmen (z. B. als Mitarbeitende, Lieferanten, Kunden) oder nicht (z. B. Umweltverbände, lokale Politik). Diese Anspruchsgruppen (auch bekannt unter der englischen Bezeichnung „Stakeholder") haben einen mehr oder weniger starken positiven oder negativen, direkten oder indirekten Einfluss auf das Unternehmen, oder sie selbst werden vom Unternehmen auf ebenso vielseitige Art beeinflusst. Diese Einflüsse sowie die Ziele der Anspruchsgruppen müssen erkannt und in die Unternehmenstätigkeiten integriert werden, sei es als direktes Befriedigen der Bedürfnisse oder als Punkt auf einer „Radarliste", den man regelmäßig überprüft.

International tätige Unternehmen sehen sich einer großen Anzahl Anspruchsgruppen mit sehr diversen Erwartungen gegenüber. Verschiedene politische Systeme, verschiedene Rechtssysteme aber auch Unterschiede bzgl. der Langfrist- oder Zukunftsorientierung zwischen Ländern können eine Herausforderung darstellen (Müller-Stewens und Brauer 2009). Teilweise kann auch die Macht der einzelnen Anspruchsgruppen unterschiedlich verteilt sein: In den USA z. B. wird den Aktionären tendenziell ein höherer Einfluss zugestanden als in Europa. In Deutschland haben Mitarbeitendenvertretungen aufgrund ihrer gesetzlichen Verankerung im Mitbestimmungsgesetz ein hohes Gewicht.

Aufgabe der Führungskräfte in Stammhaus und Tochtergesellschaft ist es, diese Erwartungen der einzelnen Anspruchsgruppen zu managen. Subsidiaries sind bzgl. Anspruchsgruppenmanagement auf einen gewissen Grad an Selbständigkeit angewiesen, denn jeder Markt hat seine individuellen Anspruchsgruppen mit spezifischen Eigenheiten. Dem Stammhaus fällt eine wichtige Koordinationsrolle zu: Erstens setzt das Stammhaus den Rahmen für ein Anspruchsgruppenmanagement; es kann Instrumente zur Verfügung stellen (bspw. Customer-Relationship-Management-Systeme), damit die Subsidiaries ihre Anspruchsgruppen angemessen bewirtschaften können. Zweitens koordiniert das Stammhaus im Falle globaler oder niederlassungsübergreifender Kunden, wie diese länderübergreifend bedient werden. Äußerlich wird das schon an einem vereinheitlichten Internetauftritt und Kommunikationsmaterial (Corporate Identity und Corporate Design) ersichtlich.

Definition, Identifizierung, Management und Kontrolle der Anspruchsgruppen sind zusammengefasst im Modul Anspruchsgruppenmanagement. Ausgegangen wird hierbei von einem umfassenden Anspruchsgruppenverständnis. Umfassend bedeutet in diesem Fall, dass bei der Identifizierung der Anspruchsgruppen das gesamte System (s. Modul Systemmanagement) berücksichtigt wird, dass sämtliche Hierarchiestufen die Anspruchsgruppenorientierung leben und dass nicht nur strategische, sondern auch normativ-ethische Aspekte einfließen. Die Sichtweisen der Anspruchsgruppen sollten explizit in geschäftliche Entscheidungsprozesse eingebunden werden. Folgende acht Punkte umschreiben dieses ganzheitliche Anspruchsgruppenmanagement und werden auf den folgenden Seiten vertieft:

1. Es existiert eine Anspruchsgruppen-Auslegeordnung.
2. Die Kaufprozesse sowie die darin Involvierten sind bekannt.
3. Es existiert ein darauf aufbauender Verkaufsprozess.
4. Kundenzufriedenheit wird gemessen, Maßnahmen werden entsprechend abgeleitet.
5. Mitarbeitendenzufriedenheit wird gemessen, Maßnahmen werden entsprechend abgeleitet.
6. Mitarbeitendenbeurteilung und -entwicklung finden statt.
7. Weitere Anspruchsgruppen werden berücksichtigt.
8. Die Führung fordert und fördert Anspruchsgruppenmanagement.

4.4.1   Anspruchsgruppen-Auslegeordnung

Ein Unternehmen kann langfristig nur dann erfolgreich sein, wenn es seine Anspruchsgruppen kennt und deren Bedürfnisse in der Leistungserstellung berücksichtigt. Die Leitplanken für die Zukunft eines Unternehmens können erst dann sinnvoll erstellt werden, wenn die Unternehmensleitung über fundierte Kenntnisse der Ziele und Werthaltungen der verschiedenen Anspruchsgruppen verfügt (Hilb 2001). Damit ein Unternehmen wenigstens die Mindesterwartungen jeder Gruppe erfüllen kann, ist eine Übersicht/Landkarte/Auslegeordnung der relevanten Gruppen unabdingbar. Es sollte die Frage gestellt werden, wer Rahmenbedingungen festlegt, wer Ressourcen einbringt, wer von der Wertschöpfung direkt oder indirekt betroffen ist, usw. Idealerweise werden diese Gedanken in einer grafischen Darstellung zusammengefasst, die regelmäßig als Grundlage für Diskussionen verwendet wird. Diese Übersicht liefert darüber hinaus auch einen wichtigen Input für das Risikomanagement (s. Abschn. 4.5).

Damit eine umfassende Identifikation der Anspruchsgruppen gelingt, ist es ratsam, diese nicht nur aus strategischer, sondern auch aus normativ-kritischer Perspektive zu betrachten (Ulrich 2008). Mit der strategischen Perspektive werden Anspruchsgruppen erfasst, die besonders mächtig sind und einen beachtlichen Einfluss auf die Zukunftssicherung eines Unternehmens haben. Ein Beispiel hierfür wäre ein Zwischenhändler, der Zugang zu wichtigen Rohstoffen sicherstellt. Eine gute Zusammenarbeit mit diesem Zwischenhändler ist für die Existenz der Unternehmung zentral, weshalb diese Zusammenarbeit aus strategischer Sicht auf Anspruchsgruppen eine hohe Bedeutung erlangt. Die normativ-kritische Perspektive hilft demgegenüber, Anspruchsgruppen zu identifizieren, die vom Unternehmen zwar tangiert sind, die aber – zumindest kurzfristig – keinen Einfluss ausüben und möglicherweise nicht oder nicht früh genug erkannt werden. Hier gilt es zu prüfen, wer berechtigte Ansprüche gegenüber der Unternehmung erheben kann (Ulrich 2008). Dies sind bspw. lokale Gemeinden im Falle von Emissionsfragen, die zukünftige Generation, die Natur etc.

Eine Anspruchsgruppenanalyse kann helfen, die relevanten Anspruchsgruppen zu erkennen, ihre jeweilige Bedeutung für das Unternehmen zu klären und Aktionen entsprechend den von den Gruppen gestellten Erwartungen zu formulieren. Es ist empfehlenswert, eine Auslegeordnung der Anspruchsgruppen periodisch zu wiederholen, am besten in einem zyklischen Prozess, in welchem die zwei Aspekte der strategischen und der normativ-kritischen Perspektive integriert sind (Renz 2007). Abb. 4.11 kann die Ermittlung relevanter Anspruchsgruppen unterstützen.

Wie bereits im einleitenden Kapitel zum Anspruchsgruppenmanagement erwähnt, sind je nach Land oder Region andere Gruppen wichtig. In gewissen Ländern haben der Staat oder die regionale Politik großen Einfluss. Ein Unternehmen kann dort ohne

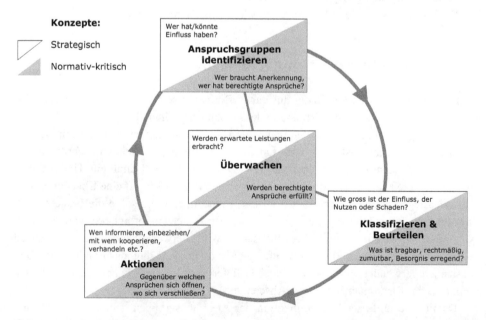

Abb. 4.11 Anspruchsgruppenmanagement. (Renz 2007)

die Akzeptanz und Unterstützung dieser Institutionen nicht Fuß fassen. In anderen Regionen oder Branchen sind es vielleicht Industrieverbände, deren Wohlwollen man zu gewinnen hat. Andernorts kann es ein Monopolist sein, der den Markt bestimmt und neue Konkurrenten vom Markt fernzuhalten versucht. Wichtig ist, dass innerhalb jeder Subsidiary diese Auslegeordnung erarbeitet wird und die Zentrale dies berücksichtigt.

Es ist nahe liegend, sich in erster Linie auf die externen Anspruchsgruppen zu konzentrieren, wie bspw. Kunden, Zulieferer, Kooperationspartner, Konkurrenten, Staat oder Interessensverbände. Interne Anspruchsgruppen sind besonders in Unternehmen mit Tochtergesellschaften/Partnern/Niederlassungen von hoher Bedeutung. Deshalb sollten die einzelnen Management-Ebenen oder das Board von Stammhaus und Subsidiary explizit in die Anspruchsgruppenanalyse aufgenommen werden. Gerade in größeren Konzernen haben sich die einzelnen Einheiten mit einer Vielzahl anderer Einheiten auseinander zu setzen, sei es, dass sie auf deren Dienste angewiesen sind, sei es, dass sie mit diesen um knappe Ressourcen konkurrieren oder sei es, dass sie sich hinsichtlich gemeinsamer Projekte abzustimmen haben.

4.4.2   Kunden und Beeinflussungs-/Kaufprozesse

Ein gutes Kundenverständnis ist für jedes marktwirtschaftlich ausgerichtete Unternehmen essenziell. Häufig konzentriert sich das Marketing auf den Endverbraucher/Nutzer/Endkunden des Produktes und vernachlässigt dabei das Kundenumfeld. Nicht immer ist es aber der Kunde, der den Kaufentscheid fällt. Im Baugewerbe bspw. gibt es Architekten und Generalunternehmer, die bedeutenden Einfluss auf die Wahl der Produkte haben. Wichtig ist, dass das Unternehmen sowie die Subsidiaries diese Beeinflussungs- und Kaufprozesse sowie die darin involvierten Akteure und deren Rollen kennen. Ein auf diesen Identifikationsprozess abgestimmtes Anspruchsgruppen-Management generiert zum Beispiel weniger Marketingstreuverluste.

In Unternehmen, welche über verschiedene Niederlassungen lokale Märkte bearbeiten, stellt sich die Frage, wie das Stammhaus sicherstellen kann, dass die Niederlassungen ihre Märkte möglichst professionell bearbeiten und sich nicht aus Opportunismus darauf beschränken, bspw. nur genehme und althergebrachte Kunden zu bedienen. Das Stammhaus kann von Niederlassungen gezielt einfordern, die Beeinflussungs- und Kaufprozesse systematisch zu analysieren und Potenziale zu eruieren. Ein Stammhaus kann auch diesbezügliche Schulungen anbieten oder den Austausch von Best Practices unter Niederlassungen fördern.

4.4.3   Verkaufsprozess

Den Kaufprozessen der Kunden steht der Verkaufsprozess des Unternehmens gegenüber. Eine gute Korrespondenz zwischen Kauf- und Verkaufsprozess sowie die Qualität des

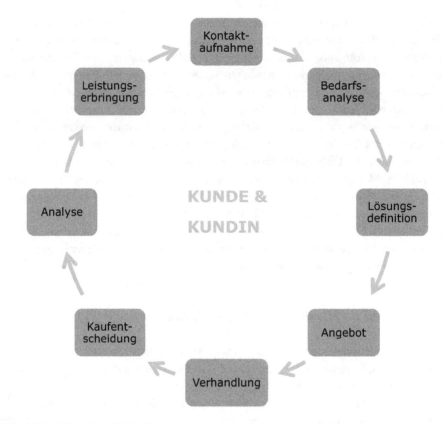

Abb. 4.12   Achtstufiger Verkaufsprozess

Verkaufsprozesses sind entscheidend für das Gewinnen von Aufträgen. Verkaufsprozesse müssen den Kunden erreichen und dessen Bedürfnisse erfassen. Auch bei international tätigen Unternehmen sind professionelle Verkaufsprozesse primär auf lokale Gegebenheiten abgestimmt.

Ein derartiger lokaler Verkaufsprozess lässt sich beliebig umfangreich und detailliert beschreiben. Abb. 4.12 zeigt ein Beispiel eines achtstufigen Verkaufsprozesses:

Zentral beim Verkaufsprozess ist, dass der Kunde immer im Mittelpunkt steht. Gerade in den Phasen Kontaktaufnahme und Bedarfsanalyse besteht die Gefahr, dass die Verkäufer sich, ihr Unternehmen sowie die Lösungen zu stark in den Vordergrund stellen. Diese Gefahr ist bei stark globalisierten Unternehmen besonders groß. Dem lokalen Kunden zuzuhören, sollte erste Priorität genießen. Unternehmen, die dies gut umsetzen, sind vielleicht in der Lage, Verkaufsprozesse kundengruppenspezifisch auszugestalten (bspw. entlang diverser Kundensegmente).

Das Wissen, das aus dieser Nähe zum lokalen Markt und zu den Kunden entsteht, darf nicht nur beim Verkäufer verbleiben, sondern es muss in das Unternehmen zurückfließen – das ist in geografisch verstreut tätigen internationalen Firmen eine große

Herausforderung. Wie kann ein zentralisiertes Mutterhaus lokale Kundennähe einfordern? Wie gelangt Kundenverständnis von der vordersten Front in entfernt liegende Entwicklungsabteilungen oder regionale Marketingabteilungen? Sprachliche Barrieren oder geografische Distanzen zu überwinden, ist dabei oft das kleinere Problem: Andersartige Anforderungen und Kundenbedürfnisse werden oft auch als einfältig oder sonderbar abgetan. Dabei können sie in Firmen mit gutem Informationsfluss die beste Quelle für Innovationsideen sein. Gerade in hochinnovativen internationalen KMU stehen lokale Verkäufer und zentrale Produktentwickler in kontinuierlichem Austausch. Gute Informationsprozesse oder ein gut entwickeltes Customer-Relationship-Management-System (CRM-Systemen) können hier unterstützend wirken. Zusätzliche wichtige Themen im digitalen Zeitalter sind vom Marketing getriebene Initiativen auf Grundlage von z. B. Content-Marketing und der Marketing-Automation (vgl. Abschn. 5.5) sowie modernen Vertriebsansätzen wie der „Challenger Sales" (Dixon und Adamson 2011), welcher erst mit dem Einsatz von Datenstrategien, CRM-Systemen und der Marketing-Automation erfolgreich umgesetzt werden kann. Nur mit einer ganzheitlichen Governance wird sichergestellt, dass die hohen Investitionen in Technologien und der teilweisen Automatisierung von Verkaufsprozessen genutzt werden und einen Return on Investment abwerfen.

4.4.4   Kundenzufriedenheit

Auf Kunden ausgerichtete Unternehmen sind profitabler und erfolgreicher. Es reicht deshalb nicht aus, nur finanzielle Ziele zu verfolgen, sondern auch der Kundenzufriedenheit muss große Aufmerksamkeit geschenkt werden. Diese wie die Mitarbeitendenzufriedenheit sind Vorsteuergrößen der finanziellen Ergebnisse. Kundenunzufriedenheit kann zu einem Anbieterwechsel führen. Dabei zählt bei der Zufriedenheit nicht nur die objektive Qualität der Produkte/der Dienstleistung, sondern die subjektive Wahrnehmung von Qualität und Leistung ist entscheidend.

Kundenzufriedenheit wird über personelle und institutionelle Kundenorientierung erreicht. Sowohl das Verhalten der Mitarbeitenden, als auch Strukturen, Systeme und Kultur des Unternehmens sind beeinflussende Faktoren (Sprenger et al. 2011). Abb. 4.13 stellt diese beiden Kategorien der Kundenorientierung dar:

Für das Mutterhaus ist es essenziell, von den Niederlassungen nicht nur gute Verkaufszahlen zu erhalten, sondern auch zu wissen, inwiefern Kunden (und Käufer, falls diese nicht identisch sind) zufrieden sind. Das Mutterhaus sollte Marktnähe und Kundenverständnis einfordern und fördern.

Grundlage der Kundenzufriedenheitsanalyse sind Kundenbefragungen, in denen sich die Kunden zu einem Erhebungsgegenstand (Produkt, Unternehmen, Serviceleistung) äußern und diesen beurteilen. Das Messen der Kundenzufriedenheit ist zentral, weil zufriedene Kunden dem Unternehmen eher treu bleiben und mehr kaufen, weil sie Neukunden vermitteln durch Mund-zu-Mund-Propaganda und weil zufriedene Kunden

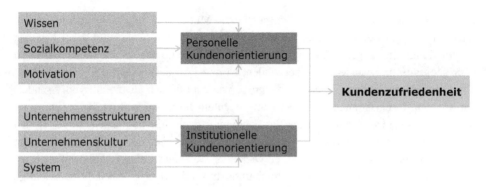

Abb. 4.13   Faktoren der Kundenorientierung. (Sprenger et al. 2011)

nachgewiesenermaßen sogar bereit wären, für die Produkte oder Dienstleistungen eines Geschäftes bzw. Lieferanten ihres Vertrauens einen höheren Preis zu zahlen. Ein gut organisiertes und durchgeführtes Messen der Kundenzufriedenheit mit entsprechenden anschließenden Maßnahmen kann die Zufriedenheit von Kunden und Mitarbeitenden erhöhen. Durch das regelmäßige Messen ist das Unternehmen besser in der Lage, Kundenbedürfnisse frühzeitig zu erkennen und zu verstehen, was sich positiv auf den Unternehmenserfolges auswirkt. Verfügt das Unternehmen über ein Customer-Relationship-Management-System, können Erkenntnisse aus den Zufriedenheitsmessungen die Informationsbasis erhöhen.

Praxistipp: Kundenzufriedenheit messen

Es gibt verschiedene Messgrößen, anhand derer Kundenzufriedenheit gemessen werden kann. Die wichtigsten sind der Net Promoter Score (NPS), der Customer Satisfaction Index (CSI) und der Customer Effort Score (CES) (Haan et al. 2015).

Der NPS gehört seit 2003 zu der am häufigsten verwendeten Kennzahl. Er besteht aus einer einzigen Frage, die lautet: „Wie wahrscheinlich ist es, dass Sie Firma xy/Produkt xy einem Freund oder Kollegen weiterempfehlen?" Die Befragten können mit einem Wert von 0 bis 10 antworten. Personen, die die Werte 9 und 10 ausgewählt haben, bezeichnet mal als Promotoren. Für sie ist eine Weiterempfehlung sehr wahrscheinlich. Personen mit Werten unter 6 sind Detraktoren, bei denen eine Weiterempfehlung unwahrscheinlich ist. Der NPS-Wert errechnet sich aus der Differenz zwischen dem Anteil an Promotoren und dem Anteil an Detraktoren. Der NPS überzeugt durch seine Einfachheit. Schwachstelle ist, dass mit dem einfachen Gruppieren der Kundenantworten in zwei Gruppen noch wenig Aussagekraft zu den dahinterliegenden Gründen vorhanden ist und dass Veränderungen über die Zeit schwer analysierbar sind (Bendle und Bagga 2016).

Trotz einiger Limitationen und Schwierigkeiten in Anwendung und Umgang mit diesen Metriken, ist der Einsatz einer Messmethode empfehlenswert. Auch eine nicht ganz perfekte Messung erfüllt einen zentralen Zweck, nämlich das Bewusstsein für die Rolle des Kunden zur Erreichung des Unternehmenserfolges zu wecken (Bachmann 2019). Der NPS soll über alle Regionen/Länder hinweg gemessen werden (beim Ländervergleich werden kulturell geprägte Unterschiede berücksichtigt) und bietet so ein Kontroll- und Optimierungsinstrument an, welches vielfach auch in der Zielvereinbarung mit den Niederlassungen eingesetzt wird.

Die Kundenzufriedenheit kann durch formelle Kundenbefragungen wie auch durch die zahlreichen direkten Kundenkontakte von Verkäufern, Installateuren und Serviceangestellten erfasst werden. Das Messen der Kundenzufriedenheit ist eine Art, mit den Kunden in eine Kommunikation einzutreten. Das Versenden eines (jährlichen) Fragebogens sollte nicht die einzige Möglichkeit sein, wie Kunden ihre Meinung dem Unternehmen gegenüber kundtun können. Mit der Marketing-Automation, den sozialen Medien und dem sogenannten „Transactional NPS" (hier wird die NPS-Frage nach jeder Kundenkommunikation gestellt) stehen Technologien, Plattformen und Methoden zur Verfügung, welche in Echtzeit Kundenrückmeldungen vom Markt der Unternehmensleitung und den Mitarbeitenden zur Verfügung stellen. Eine Investition in die Kundenkommunikation zahlt sich aus. Raschen Änderungen im Konsumverhalten kann bspw. besser begegnet werden. Eine vertiefte Beziehung zum Kunden erlaubt eine bessere Erfüllung spezifischer Bedürfnisse, die in den verschiedenen Teilen der Welt höchst unterschiedlich sein können. Das Kundenmanagement innerhalb der Subsidiaries ist darum zentral.

4.4.5   Mitarbeitendenzufriedenheit

Die Führung eines Unternehmens beinhaltet das Schaffen sinnvoller Rahmenbedingungen, die der Zufriedenheit der Mitarbeitenden dienen. Dazu gehört das Instrument der Personalentwicklung genauso wie eine vernünftige Arbeitszeitregelung (Sprenger et al. 2011).

Das Wissen um die Mitarbeitendenzufriedenheit in einzelnen Niederlassungen hilft nicht nur den Niederlassungsführungskräften beim Reflektieren ihrer Führungsarbeit; es erlaubt auch, die Führung der Niederlassung selbst zu beurteilen und bspw. durch Loyalität eine nachhaltige Organisation sicherzustellen.

Eine Grundvoraussetzung, die gegeben sein muss, bevor man sich auf die Messung der Mitarbeitendenzufriedenheit einlässt, ist der Wille zur Veränderung. Eine Erhebung unter der Belegschaft ohne darauf folgende Verbesserungsversuche kann verheerende Folgen haben. Unerfüllte Erwartungen können zur Frustration führen, die sich durch das gesamte Personal zieht. Dabei müssen durchaus auch seitens der Belegschaft Wille und Bereitschaft zu Veränderungen bestehen, ganz im Sinne einer expliziten Problemlösungskultur (vgl. Abschn. 4.3). In einigen Ländern existieren auch Vorschriften, welche eine Mitbestimmung der Belegschaft gesetzlich regeln.

Ein Aspekt international tätiger Konzerne, der zu Spannungen innerhalb der Belegschaft führen kann, ist das Thema der Mitbestimmungsregelungen: Der Standort einer
Unternehmenseinheit bestimmt über Art und Umfang der Mitwirkungs- und Mit-
bestimmungsrechte der einzelnen Mitarbeitenden. Hat ein Unternehmen beispielsweise
eine Tochtergesellschaft in Deutschland, dann genießen die Mitarbeitenden dort ein so
stark ausgeprägtes Mitspracherecht, wie es in wenigen anderen europäischen Ländern
dergestalt vorzufinden ist. Mitarbeitende in einer anderen Tochtergesellschaft könnten
sich deshalb als schlechter behandelt fühlen. Da es an harmonisierten Vorschriften dies-
bezüglich mangelt, können Unternehmen hier allenfalls mit Vereinbarungen eine Lösung
herbeiführen. Als Beispiel hierfür kann die Volkswagen AG aufgeführt werden: Im Jahr
1990 vereinbarte der Personalvorstand mit den Konzernbetriebsratsvorsitzenden die
Einrichtung eines Europäischen Konzernbetriebsrats, der einmal jährlich Vertreter aller
europäischen VW-Standorte zusammenführen soll (Buda 1991). Im Jahr 1999 wurde ein
Welt-Konzernbetriebsrat gegründet, der die über 300.000 Beschäftigten insbesondere bei
Fragen der strategischen Konzernentwicklung vertreten soll (Roch 2009).

Praxistipp: Mitarbeitendenzufriedenheit messen
Das effizienteste Instrument, um Mitarbeitendenzufriedenheit zu messen, ist die
Umfrage. Sie sollte sich an sämtliche Mitarbeitenden richten, auf freiwilliger
Basis beruhen, Anonymität garantieren, vom Personalmanagement koordiniert,
aber von einem externen, neutralen Institut analysiert und ausgewertet werden.
Diese externen Spezialisten können die Ergebnisse hierarchiestufengerecht auf-
bereiten und nach verschiedenen Kriterien gruppieren und zusammenführen. Die
Ergebnisse werden dann entlang der Hierarchie-Ordnung erst den Geschäfts-
führern und dann Regionalleitern, Divisionsleitern, Abteilungsleitern etc. bis hin
zur Belegschaft präsentiert und in den jeweiligen Teams diskutiert. Der Fokus
sollte hierbei auf Verbesserungsvorschlägen und Aktionsplänen liegen. Je nach
Umfrageergebnissen können Verbesserungsprojekte in einzelnen Abteilungen,
Divisionen oder Ländergesellschaften geplant werden. In einzelnen Fällen kann es
Sinn machen, Projektgruppen zu bilden unter Leitung des Linienvorgesetzten und/
oder eines Personalabteilungsmitarbeitenden und unter aktiver Involvierung der
Mitarbeitenden. Empfehlenswert ist eine Durchführung derselben Umfrage über
mehrere Jahre, damit vergleichende Analysen möglich sind. Beispielsweise können
so Defizite, die grafisch anhand der Differenz Idealzustand – tatsächlicher Zustand
dargestellt werden, über mehrere Jahre gemessen und einander gegenüber gestellt
werden. So wird schnell ersichtlich, innerhalb welcher Bereiche die meisten Fort-
schritte gemacht wurden und wo es einen „Stillstand" gab. Damit lassen sich die
Prioritäten für jedes Jahr neu bestimmen.
Ebenfalls zur Erhebung der Mitarbeitendenzufriedenheit gehört das Ausstiegs-
gespräch, das leider nicht überall systematisch zur Anwendung kommt. Diese

Unterredung mit Mitarbeitenden, die das Unternehmen verlassen werden, ist sehr wertvoll, um die Kündigungsgründe zu erfahren, über Stärken und Schwächen der Unternehmung und der entsprechenden Position zu diskutieren und allenfalls vom scheidenden Mitarbeitenden Verbesserungsempfehlungen zu erhalten.

4.4.6   Personalentwicklung

Neben der Mitarbeitendenzufriedenheit ist die Personalentwicklung ein zentrales Führungsinstrument. Sie ist Teil eines modernen Personalmanagements und damit auch des umfassenderen Anspruchsgruppenmanagements. In internationalen Firmen hat die Personalentwicklung dabei besondere Aspekte zu klären: Welche Laufbahn-möglichkeiten über Ländergrenzen hinweg sind möglich und werden aktiv gefördert? Welcher Personalbedarf ist nötig je Region, Land und Funktion? Wie genau werden die länderübergreifenden Stärken oder Kernkompetenzen durch die Personalent-wicklung gefördert? Es ist mittlerweile nur noch wenig verbreitet, dass in internationalen Konzernen die oberen Führungspositionen nur Mitarbeitenden der Nationalität des Stammhauses vorbehalten sind. Derartige Fragen zu klären und den Mitarbeitenden ver-schiedene Laufbahnmöglichkeiten transparent aufzuzeigen, fördert deren Motivation und Engagement.

Kulturelle Unterschiede zwischen verschiedenen Subsidiaries spielen auch im Bereich der Personalentwicklung eine große Rolle. So wurde bspw. festgestellt, dass das Lernen in Seminaren und Kursen in den westlichen Ländern erste Priorität genießt, während in asiatischen Ländern das Lernen „on the job" bevorzugt wird (Hilb 1984). Derartige Unterschiede sollten in der Ausgestaltung der Personalentwicklung je Niederlassung mit-berücksichtigt werden.

Personalentwicklung ist meist kombiniert mit der Mitarbeitendenbeurteilung. Die Beurteilung sollte dabei Aussagen darüber erlauben, ob der Mitarbeitende die ihm gesetzten Ziele erreicht hat, wie er sie erreicht hat, wie er sich im Arbeitsalltag ver-hält, wie er in der Vergangenheit gearbeitet hat, was er in Zukunft zu leisten imstande ist, wie er sich selber einschätzt, wie ihn Kollegen, Vorgesetzte, Mitarbeitende und allen-falls Kunden einschätzen. Auf die Beurteilung hat dann ein Entwicklungsgespräch zu folgen, aus dem ein Aktionsplan mit Entwicklungsmaßnahmen resultiert. Der Erfolg der Personalbeurteilung ist stark davon abhängig, inwieweit die partizipativ erarbeiteten Aktionspläne im Laufe der Beurteilungsperiode verwirklicht werden (Hilb 2001). Der Prozess, der Ergebnisse und Verhaltensweisen des Mitarbeitenden bewertet, sollte in einen laufenden Dialog zwischen Mitarbeitenden und Vorgesetzten eingebettet sein.

Eine gute Personalentwicklung führt dazu, dass möglichst viele Mitarbeitende Tätig-keiten ausüben, die ihnen persönlichen und gesellschaftlichen Sinn, Befriedigung und Freiraum bieten und ihnen eine Balance von Lern-, Arbeits- und Freizeit ermöglichen. Es sollte angestrebt werden, die Bedürfnisse der Mitarbeitenden nach Entfaltung der eigenen Potenziale mit den Entwicklungsbedürfnissen der Unternehmenseigentümer, der Kunden und der Umwelt in Einklang zu bringen (Hilb 2001). In der komplexen Struktur einer internationalen Unternehmung ist die Harmonisierung der verschiedenen Bedürfnisse der Landesorganisationen und der Mitarbeitenden eine herausfordernde Führungsaufgabe, die auf den Radar des lokalen und des Stammhaus-Managements gehört. Personalentwicklungsfragen beanspruchen deshalb oft auch einen wichtigen Teil der Zeit von Jahresgesprächen zwischen Stammhaus und Niederlassung.

> **Praxistipp: Verschiedenartigkeit von Laufbahnzielen beachten**
> Es kann hilfreich sein, die ganze Bandbreite möglicher Laufbahnziele im Auge zu behalten. Grundsätzlich kann man acht verschiedene Laufbahnziele unterscheiden: Fachliche Spezialisierung (1), Geschäftsführerposition (2), Selbständigkeit (3), Beständigkeit der Laufbahn (4), Unternehmerische Kreativität (5), Gutes tun (6), Herausforderungen (7), Work-Life-Balance (8) (Schein 1995). Mitarbeitende variieren also in ihren Zielen und Wünschen stark, was innerhalb der Personalentwicklung entsprechend berücksichtigt werden muss. Ein gutes Personalmanagement sorgt dafür, dass jeder Mitarbeitende die Möglichkeit und die Unterstützung erhält, die er benötigt, um sein Potenzial voll auszuschöpfen. Berufschancen sollen verbessert werden durch langfristige Investitionen in Schulungen und berufliche Weiterbildung, was den Unternehmen eine qualifizierte Belegschaft sichert.

4.4.7   Weitere Anspruchsgruppen

Anspruchsgruppen kommen nicht nur aus dem Kundenumfeld und dem Unternehmen selbst, sondern auch aus der Unternehmensumwelt. Beispiele hierfür sind Umweltaktivisten, Lobbyisten, Gesetzgeber oder regionale Politiker. Die Anzahl solcher Anspruchsgruppen wächst mit der Anzahl (ausländischer) Niederlassungen und kann auf Gesamtunternehmensstufe schnell unüberschaubar werden. So haben Politiker vielleicht in einem Land weitaus mehr Einfluss auf die niedergelassenen Unternehmen, als man das aus dem Hauptsitzland kennt. Oder die Bevölkerung in einem Subsidiary-Land ist besonders sensibel, was den Bereich Ökologie und Umweltschutz betrifft. Es ist deshalb wichtig, Lokale mit der Geschäftsführung der Subsidiaries zu betrauen – sei das durch Besetzung des obersten Managements mit Einheimischen oder durch lokale Board-Mitglieder.

Eine Segmentierung der Umwelt durch eine Auflistung möglicher Einflussfaktoren wie es Abb. 4.14 vorschlägt, kann helfen, ein vollständiges Bild zu erlangen:

Diese Gruppen können positiven wie negativen Einfluss auf das Unternehmen ausüben. Ihre Macht kann mehr oder weniger stark sein, sie können sich untereinander

Ökonomie	Politik/Recht	Gesellschaft	Technologie
Inflation	Politische Stabilität	Demographie	Innovationen
Zinssätze	Gesellschaftsrecht	Mobilität	Produktlebenszyklen
Devisenkurse	Steuerrecht	Wohlstand	Entstehung neuer
Arbeitsmarkt	Patentrecht	Konsumverhalten	Märkte
Rohstoffmarkt	...	Ausbildung	...
...		Ökologie	
		...	

Abb. 4.14 Umweltsegmente und ihre Einflussfaktoren

Anspruchs-gruppe	Bedürfnisse der Anspruchs-gruppe	Anforderun-gen an die Anspruchs-gruppe	Macht (stark, mittel, schwach)	Status der Beziehung (grün, gelb, rot)	Maßnahmen inkl. Verantwort-lichkeiten	Wichtige Zusatzinfor-mationen
...						
...						
...						

Abb. 4.15 Übersicht Anspruchsgruppendetails je Land oder Niederlassung

vernetzen oder konträre Anforderungen an das Unternehmen stellen. Das Unternehmen muss sich dieser Anspruchsgruppen mit all ihren Facetten, potenziellen Chancen und Gefahren bewusst sein und entsprechende Taktiken/Strategien entwickeln. So können große Unternehmen Einfluss nehmen auf gewisse Gesetzgebungen, indem sie Teil der entsprechenden Expertengruppen werden. Kleine Unternehmen, die keine Einfluss-möglichkeit haben, sollten zumindest potenzielle Entwicklungen im Auge behalten und verschiedene Szenarien planen. Nicht übersehen werden darf, dass die beeinflussenden Gruppen der Subsidiaries andere sein können als die des Mutterhauses.

Um diese Aspekte auf dem Radar zu halten, wird empfohlen, für jedes Land bzw. jede Niederlassung eine strukturierte Übersicht zu entwickeln, wie sie Abb. 4.15 beispielhaft darstellt.

Ansprüche, die diverse Anspruchsgruppen heute an ein Unternehmen stellen, gehen weit über das reine Produkt hinaus. Corporate Citizenship oder Corporate Social Responsibility sind Schlagwörter und Trends, denen sich kein Unternehmen mehr ver-wehren darf. Die Art und Weise, wie es gelingt, diese sozialen Verantwortlichkeiten ent-sprechend den Subsidiary-spezifischen Bedingungen wahrzunehmen, entscheidet über das Weiterkommen eines Unternehmens.

4.4.8   Führung und Kontinuität im Anspruchsgruppenmanagement

Die Führung hat ein Anspruchsgruppenverständnis durch die gesamte Organisation hindurch zu institutionalisieren und zu fördern. Das Mutterhaus stellt den Rahmen und möglicherweise Instrumente zur Verfügung, sodass die Niederlassungen Kunden, Mitarbeitende und andere Anspruchsgruppen optimal miteinbeziehen. Dabei gilt es auch, Verhaltensnormen im Umgang mit Konkurrenten oder staatlichen Institutionen zu erlassen (bzw. existierende zu überprüfen), um bspw. Kartellverstöße oder Korruptionsvergehen vorzubeugen. Die Aufgabenteilung zwischen Mutterhaus und Niederlassung sollte genau geklärt sein: Wer nimmt welche Aufgaben bzgl. welcher Anspruchsgruppen wahr? Bei welchen Anspruchsgruppen soll das Mutterhaus aktiv involviert sein, mit welcher Rolle? Wer kommuniziert zu welchen Themen? Dabei ist es durchaus sinnvoll, dass das Mutterhaus bei zunehmender Wichtigkeit auch in operative Tätigkeiten aktiv eingebunden wird bspw. im Rahmen von Verhandlungen wichtiger Verkaufsverträge oder der Interessenwahrung bei nationalen Behörden oder im Krisenfall.

Neben der Überwachung und Qualitätskontrolle der einzelnen Anspruchsgruppen je Niederlassung sollte das Mutterhaus sicherstellen, dass folgende Fragen regelmäßig auf der Managementagenda stehen (Hilb 2001):

- Welches sind die Entwicklungstrends (gesellschaftlich, ökologisch, wirtschaftlich, technologisch), die unser Unternehmen in den nächsten 5 Jahren am stärksten beeinflussen werden?
- Wie werden diese Trends unsere Kunden in den nächsten 5 Jahren voraussichtlich beeinflussen?
- Wie werden diese Trends unsere wichtigsten Mitbewerber voraussichtlich beeinflussen?
- Welche neuen Mitbewerber treten möglicherweise auf?
- Welche Chancen und Gefahren können diese Trends für das Unternehmen in Zukunft bedeuten?

In Bezug auf die Kundenorientierung spielt das Führungsverhalten eine große Rolle; eine entsprechende Personalführung hilft bei der Verankerung des Kundenfokus über das gesamte Unternehmen hinweg. Kundenorientierung ist Führungssache und sollte sich durch alle Führungsebenen durchziehen – vom Eigentümer über das Board bis zum Management (Sprenger et al. 2011).

4.5   Risikomanagement

Gerade in Unternehmen, die in mehreren Ländern operieren, können sich sicherheits-, stabilitäts-, außenhandels-, beschäftigungs- und infrastrukturbezogene sowie politische, rechtliche, regulatorische und makroökonomische Risiken auf die Geschäftstätigkeit in einem Land auswirken. Gewisse Ereignisse innerhalb eines Subsidiary-Landes könnten so etwa zu Lieferunterbrechungen führen.

Risikomanagement soll helfen, mit Veränderungen umzugehen, die negative Auswirkungen auf das Erreichen strategischer und finanzieller Ziele haben können. Während es früher eher reaktiv und passiv angelegt war, soll das Risikomanagement heute eine proaktive Unterstützung bieten (Müller-Stewens und Brauer 2009) und das Risikobewusstsein durch das gesamte Unternehmen hindurch erhöhen. Unternehmensinternes Risikomanagement beinhaltet neben einem Versicherungsschutz die systematische Identifizierung, Bewertung und Berichterstattung zu strategischen, operativen und finanziellen Risiken. Dabei ist zentral, dass Risikomanagement auf allen Hierarchiestufen – insbesondere auch in den Niederlassungen – stattfindet.

Ein fortschrittliches Risikomanagement bildet die Grundlage dafür, dass sämtliche Risikoarten erkannt und bewertet werden können, man eine gemeinsame Sprache innerhalb der Risikokommunikation spricht und Verantwortlichkeiten identifiziert in Bezug auf risikorelevante Maßnahmen.

Zahlreiche Risikomanagement-Systeme weisen die folgenden Schwachstellen auf:

- Sie beschränken sich auf das operative Risikomanagement oder nur auf Teilaspekte wie Feuerschutz oder Währungsrisiken.
- Risikomanagement findet nur auf Managementebene statt.
- Bestehende Managementprozesse werden nicht in das Risikomanagement integriert.
- Die Sicht auf Risiken ist nicht umfassend, sondern durch eine partielle Perspektive bspw. durch vorgegebene Checklisten bereits von Beginn an begrenzt.
- Risikomanagement wird als Präventionsmanagement verstanden.

In den folgenden 5 Kapiteln werden die zentralen Aspekte eines Risikomanagement international tätiger Unternehmen abgebildet:

- Ganzheitliches Risikoverständnis
- Strategische Risikobewertung
- Risikoschulungsprogramme
- Operatives Risikomanagement
- Führung und Kontinuität im Risikomanagement

Praxistipp: Geschäftsberichte als Ideenquelle für Risikomanagementprozesse Um Ideen zu Aufbau und Ablauf eines Risikomanagementprozesses zu sammeln, empfiehlt sich das Konsultieren von Geschäftsberichten. Die meisten Firmen veröffentlichen ihre Standards zum Risikomanagement in einem separaten Kapitel. Gewisse Ideen lassen sich hier einfach und verständlich herauslesen und übernehmen.

4.5.1 Ganzheitliches Risikoverständnis

Ohne die Bereitschaft Risiken einzugehen, kann kein unternehmerisches Handeln entstehen. Das Streben nach unternehmerischem Erfolg ist immer verbunden mit Risiken.

Unternehmen sehen sich verschiedenen Risiken gegenübergestellt. Diese lassen sich einteilen in:

- Kreditrisiken: Diese entstehen, wenn eine Gegenpartei ihre Verpflichtungen nicht erfüllen kann.
- Liquiditätsrisiken: Diese entstehen, wenn ein Unternehmen Schwierigkeiten hat, seinen Verpflichtungen nachzukommen. Auslöser können fehlende Marktliquidität oder Refinanzierungsprobleme sein.
- Währungsrisiken: Diese können entstehen, wenn Tochtergesellschaften Transaktionen in Fremdwährungen eingehen.
- Zinssatzrisiken: Diese enthalten Zinspreisrisiken bei Kreditaufnahmen zu festen Zinssätzen und Zinsmittelflussrisiken bei Kreditaufnahmen zu variablen Zinssätzen.
- Rohstoffpreisrisiken: Diese entstehen bei Transaktionen auf den globalen Rohstoffmärkten.
- Aktienkursrisiken: Unternehmen sind diesen ausgesetzt, wenn sie kurzfristige Anlagen zu Anlagezwecken halten, welche als zur Veräußerung verfügbar gelten.
- Abwicklungsrisiken: Diese entstehen, wenn ein Unternehmen Finanzinstrumente von einer Gegenpartei nicht zum vereinbarten Zeitpunkt erhält.

Eine derartige Kategorisierung von Risiken kann sinnvoll sein; Risikokataloge sind hilfreich, sie müssen aber mindestens jährlich auf ihre Vollständigkeit hin geprüft werden, sowohl für das Mutterhaus wie auch für die Spezifitäten verschiedener Niederlassungen. Nichts ist risikoreicher als ein falschs Sicherheitsgefühl basierend auf einem unvollständigen oder veralteten Risikoverständnis. Bei der obigen Aufzählung fehlen beispielsweise Risiken seitens Kunden oder seitens der Konkurrenz!

Ein ganzheitliches Risikoverständnis bewahrt davor, das Risikomanagement nicht auf Sand aufzubauen. Es basiert auf einem kontinuierlich aktualisierten Bild der verschiedenen Realitäten, sowohl im Stammhaus, als auch in den einzelnen Niederlassungen. Wenn sich Niederlassungsleiter bspw. nicht kontinuierlich über Gesetzesverstöße, Kundenverhalten oder Produktionsverfahren auf dem Laufenden halten, ist die Gefahr groß, dass das Geschäft in diesem Land mittelfristig negativ beeinflusst werden könnte. Die im Systemmanagement beschriebenen Fähigkeiten und Aufgaben, insbesondere die Kenntnis von Abhängigkeiten und Verbindungen und die systemische Denkkultur sind grundlegend für ein ganzheitliches Risikoverständnis (vgl. Abschn. 4.1). Firmen, die ein ganzheitliches Risikoverständnis pflegen, erkennen nicht nur Risiken frühzeitig, oft erkennen sie gleichzeitig auch Chancen für Innovationspotenziale. Sie stützen sich auch nicht auf vordefinierte Risiko-Checklisten ab, sondern

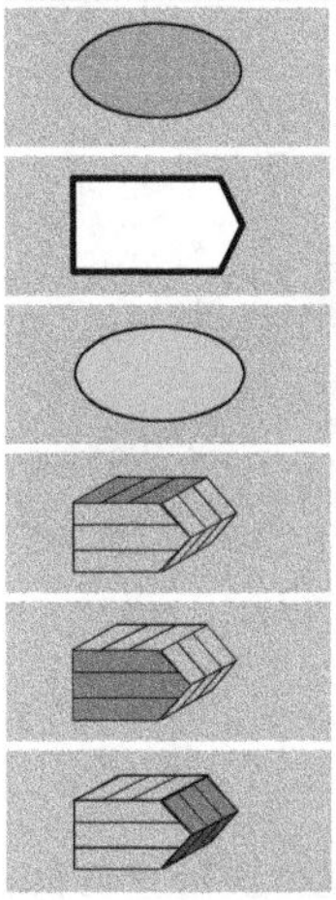

	Kategorie	Risiken je Kategorie
	Umweltsphären	....
	Anspruchsgruppen	....
	Interaktionsthemen	....
	Ordnungsmomente	....
	Prozesse	....
	Entwicklungsmodi	....

© Renz & Böhrer 2012

Abb. 4.16 Systemisches Risikoverständnis basierend auf dem St. Galler Management-Modell

passen ihren Risikokatalog kontinuierlich an. Durch derartige kontinuierliche Weiterentwicklung und kritische Selbstreflexion wird das Risikoverständnis ganzheitlich.

> **Praxistipp: Systemisches Risikoverständnis vs. veraltete Checklisten**
> Ein systemisches Risikoverständnis schützt vor veralteten Checklisten. Arbeitet eine Unternehmung bereits mit dem St. Galler Management-Modell, kann dieses als gute Basis dienen, die Risiken umfassend zu eruieren (vgl. Abb. 4.1). Dabei fragt man sich pro Kategorie, welche Risiken aus den konkreten Gegebenheiten erwachsen könnten, wie in Abb. 4.16 dargestellt:

4.5.2 Regelmäßige strategische Risikobewertung inkl. abgeleiteter Maßnahmen und Verantwortlichkeiten

Im Risikomanagement international tätiger Unternehmen ist häufig eine Teilung der strategischen und operativen Risikomanagement-Tätigkeiten zwischen Mutterhaus und Subsidiary sinnvoll: Das Mutterhaus definiert die relevanten Risikokategorien und die entsprechende Strategie, die Subsidiaries erfassen und melden die lokalen Risiken in regelmäßigem Abstand.

Grundsätzlich sollte das strategische Risikomanagement die Fragen beantworten können: Ist bei gegebener Strategie eine Risikodeckung gegeben? Sind die Risiken, die man bewusst eingeht, akzeptabel und beherrschbar? Viele Unternehmen verfügen

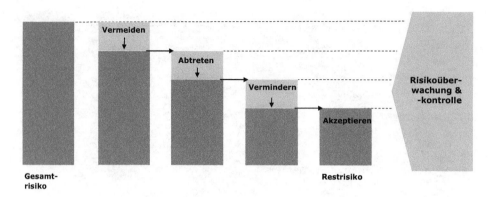

Abb. 4.17 Umgang mit Risiken

über eine jährliche Risikobeurteilung, die auf oberster Führungsstufe beim Mutterhaus – oft als Teil des Strategieprozesses – durchgeführt wird. Risiken verlangen aber
auch – unabhängig vom Strategieprozess – die kontinuierliche Aufmerksamkeit aller
Führungsstufen. Sinnvoll ist dazu erstens ein Top-Down-Ansatz, der einzelne Risiken
aus dem Gesamtgeschäft und einzelnen Regionen erfasst und aggregiert, um zu einer
Übersicht über die Gesamtunternehmensrisiken zu gelangen. Komplementär sollte ein
Bottom-up-Prozess bestehen, um lokale Problembereiche zu erkennen und die daraus
entstehenden Risiken rasch und effizient zu mindern. Eine zentrale Risikostelle sollte
die Top-Down- und Bottom-Up-Berichte konsolidieren und die Unternehmensleitung
regelmäßig darüber informieren. Wichtig ist, dass auch Niederlassungen in den Risiko-
prozess involviert sind. Letztlich können gerade in international tätigen Unternehmen
Risiken, die innerhalb einer Niederlassung eintreten, einen negativen Einfluss auf die
ganze Unternehmung haben.

Die Risikobewertung erfolgt meist nach Kriterien der Tragweite und der Eintritts-
wahrscheinlichkeit. Teil der Risikobewertung auf strategischer Ebene ist es auch, den
für die Gesamtunternehmung geltenden Risikoappetit zu evaluieren und festzuhalten.
Der regelmäßige Vergleich zwischen Risikoappetit und aktueller Risikobewertung zeigt
eventuale Lücken auf und definiert, wie umfassend die Maßnahmen zum Umgang mit
Risiken ausfallen.

Dass es beim Umgang mit Risiken nicht ausschließlich um eine Risikovermeidung
gehen muss, zeigt Abb. 4.17:

Praxistipp: Den eigenen Risikoappetit eruieren
Zur Bestimmung des Risikoappetits ist es ratsam, mit der Definition der
Anspruchsgruppen sowie deren Bedürfnissen gegenüber dem Stammhaus und
sämtlichen Subsidiaries zu starten. Punkte, die hier aufgelistet werden, könnten

bspw. sein: Aktionäre erwarten langfristiges Wachstum, Banken erwarten die Erreichung bestimmter Kennzahlengrößen im Bereich Cash Flow oder EBITDA, lokale Regierungen erwarten von den Subsidiaries die Garantie stabiler Arbeitsplätze. Nach einer Priorisierung dieser Bedürfnisse können Ziele bzw. Toleranzschwellen definiert werden. Aus diesen lässt sich der Risikoappetit ableiten. Mit dieser Basis kann daraufhin die Strategie hinsichtlich ihrer Risiken und der Einhaltung der Ziele und Toleranzgrenzen bewertet werden.

4.5.3   Förderung des Risikobewusstseins

Risiken kann man nie gänzlich vermeiden, werden auch noch so viele Regeln oder Kontrollprozesse eingeführt. Zentral ist eine Unternehmenskultur, die bei den Mitarbeitenden das Bewusstsein für Risiken fördert und in ihnen das Bedürfnis weckt, existierende Regelungen und Anforderungen bzgl. Risiken einzuhalten oder auch Schwachstellen in Verbindung mit neuen Risiken zu erkennen. Ziel sollte sein, ein Umfeld zu entwickeln, das einen disziplinierten und bewussten Umgang mit Risiken gewährleistet.

Im Kontext einer international tätigen Unternehmung ist die Förderung von Risikobewusstsein eine besondere Herausforderung. Ähnlich wie beim Integritätsmanagement muss das Management von Risiken von allen Mitarbeitenden getragen werden. Jenseits einiger klarer operativer Risiken (wie Arbeitssicherheit oder Brandschutz), für welche bindende Richtlinien existieren müssen, kann ein gesundes Risikobewusstsein für Geschäftsrisiken und Verhaltensrisiken nicht per Dekret oder drillmäßiger Schulung erreicht werden. Zudem gehen verschiedene Kulturen unterschiedlich mit Risiken um. Es braucht deshalb an die Gegebenheiten jeder Niederlassung angepasste Sensibilisierungsprogramme für Risiken. Im Idealfall wird die Effizienz derartiger Risikoschulungsprogramme gemessen und kontinuierlich verbessert.

4.5.4   Operatives Risikomanagement

Neben der regelmäßigen strategischen Risikobewertung, welche meist vom Mutterhaus initiiert und koordiniert wird (s. Abschn. 4.5.2), müssen die identifizierten Risiken auf operativer Stufe – das heißt in den einzelnen Niederlassungen – gemanagt werden. Basierend auf der Bewertung und möglichen Szenarien können Pläne und Mechanismen zur Risikovermeidung entwickelt und umgesetzt werden. Dazu gehört auch die Vorbereitung auf den Ernstfall mittels der Erstellung von Notfallplänen und Einüben solcher Pläne. Diese Maßnahmen liegen im Zuständigkeitsbereich jeder einzelnen Niederlassung.

In einer internationalen Firma mit Niederlassungen in verschiedensten Kulturen mit je eigenen, risikorelevanten Gesetzgebungen und im Umgang mit Risiken verschiedener Mentalitäten ist dies eine Herausforderung. Zwar sprechen wir von „operativem" Risikomanagement – d. h. es ist die Aufgabe der operativen Führungskräfte. Dennoch ist es eine nicht delegierbare Verantwortung der obersten Steuerungsebene, letztlich des Aufsichts- bzw. Verwaltungsrates, sicherzustellen, dass die Unternehmung über ein funktionierendes Risikomanagement verfügt. Durch die Existenz eines operativen Risikomanagements kann er sicherstellen, dass man in den Niederlassungen auf allfällige Risiken vorbereitet ist und dass das Risikomanagement nicht nur ein Wasserkopf seitens der Zentrale bleibt. Das Gerichtsverfahren gegen den Schweizer Unternehmer Stephan Schmidheiny wegen anscheinend mangelnder Sicherheitsvorkehrungen in italienischen Eternit-Niederlassungen bei der Asbestverarbeitung zeigt die Brisanz eines funktionierenden Risikomanagements auf der operativen Stufe. Das operative Risikomanagement und dessen kontinuierliche Verbesserung gehört deshalb auch auf den Radar periodischer Managementmeetings verschiedener Stufen.

4.5.5   Führung und Kontinuität im Risikomanagement

Board und Management sollten ein zukunftsorientiertes Risikomanagementkonzept definieren, das bestehende Planungs- und Führungsprozesse berücksichtigt und das die Realisierung von Chancen beinhaltet. Hierzu könnte bspw. die Etablierung einer Chief Risk Officer-Funktion gehören, der in regelmäßigem Abstand mit dem CEO zusammen sitzt und eine zentrale Rolle innerhalb wichtiger Sitzungen und Gremien spielt. Je nach Unternehmensgröße und -branche kann ein Ausschuss des Aufsichtsgremiums als dediziertes Risikogremium eingeführt werden. Durch entsprechende Berichtsstrukturen und Eskalationsregeln sollten darüber hinaus Risikomanagement und Risikokontrolle voneinander getrennt werden (Müller-Stewens und Brauer 2009). Kleinere Unternehmen ziehen es meist vor, das Management von Risiken als Teil bestehender Managementaktivitäten zu definieren und innerhalb der regulären Managementsitzungen zu behandeln. Dies hat den Vorteil eines erhöhten Bewusstseins für Risiken beim Management.

Die Grundsätze des Risikomanagements sowie die angewandten Prozesse sollten regelmäßig überprüft werden, um Veränderungen im Marktumfeld sowie in den Tätigkeiten des Unternehmens zu erfassen.

In jedem Fall hat die Führung sicherzustellen, dass Risikomanagement regelmäßig auf der Management-Agenda steht und dass über Risiken geredet werden kann. Sie hat eine offene und konstruktive Risikokultur einzufordern und achtet auf eine effektive Überwachung und Steuerung der Risiken. Für das Risikomanagement gilt ganz besonders, dass dies von oberster, sprich Board-Stufe eingefordert und gefördert werden muss (Renz 2011). Inwiefern dies auf darunterliegenden Managementstufen umgesetzt wird, liegt an der Ernsthaftigkeit des „Tone at the top"[2] – eine entsprechende Governance-Kultur muss auch im Bereich Risiko die gewünschten Verhaltensweisen vorleben.

4.6   Audit Management

Audit Management ist in allen Wirtschaftsräumen bereits durch gesetzliche Bestimmungen wie interne Kontrollsysteme oder dem US-amerikanischen Sarbanes–Oxley-Act reguliert. An dieser Stelle geht es deshalb nicht darum, diese zum großen Teil standardisierten Aspekte zu erläutern und zu diskutieren. Audit Management ist jedoch ein wichtiger Bestandteil einer ganzheitlichen Governance und deshalb Teil des in diesem Buch vorgestellten Führungsmodells für Niederlassungen. Das Einfordern guter Auditpraktiken in allen Einheiten und das Fördern entsprechender Fähigkeiten ist auch nicht delegierbare Aufgabe des obersten Führungs- und Kontrollorgans.

Interne und externe Revision sollen ganzheitlich und wirksam sein. Es geht nicht darum, das gesetzlich Geforderte möglichst schnell als Pflichtübung abhaken zu können, sondern diese Prüfungen in einem Audit Management einzubetten und als Chance und möglicherweise wertgenerierende Aufgabe zu betrachten. Dies würde sich darin äußern, dass eine Subsidiary bspw. die Möglichkeit hat, ohne Gesichtsverlust bei Schwierigkeiten die interne Revision des Stammhauses anzurufen, um Unterstützung zu erhalten.

Folgende drei Punkte sind relevant und werden nachfolgend vertieft:

1. Verständnis der Audit-Organisation und -Kultur
2. Ausrichtung und Umfang des Audits
3. Umgang mit gesetzlichen Vorschriften

4.6.1   Audit-Verständnis

Damit Führungskräfte und Mitarbeitende auditkonform handeln, müssen sie die Audits und deren Inhalte verstehen. Der externe Auditor stellt bspw. die einzige externe Institution dar, die eine objektive Beurteilung der finanziellen Situation eines Unternehmens vornimmt.

In Schulungsmaßnahmen sollten deshalb die rechtlichen und regulatorischen Anforderungen, denen das Unternehmen unterliegt, sowie die diesbezüglichen Pflichten erläutert werden. Neben dem entsprechenden Fachwissen kann dabei auch die konkrete Umsetzung in regelkonformes Verhalten im betrieblichen Alltag trainiert werden.

---

[2]Englischer Ausdruck, auf Deutsch etwa die Vorbildfunktion der obersten Führung.

Ebenso sollten die Führungskräfte sowohl auf Mutterhaus- wie auf Niederlassungs-ebene verstehen, wie die Auditfunktion in der Unternehmung organisatorisch wahrgenommen wird.

4.6.2 Ausrichtung und Umfang des Audits

Es ist eine Steuerungsaufgabe der obersten Führung, die internen Kontrollinstrumente zu überwachen und die Professionalität, Integrität und Unabhängigkeit der externen Audits sicherzustellen (Hilb 2008). Es ist empfehlenswert, den Fokus von internen und teilweise auch bei externen Audits zyklisch zu variieren. Das heißt, bei jedem jährlichen Audit wird ein anderer spezifischer Bereich im Detail auditiert. Bezüglich externer Audits wird angeraten, die Person des externen Auditors sowie das Prüfungsunternehmen periodisch – im Abstand von ca. drei Jahren – zu wechseln, um die Unabhängigkeit zu gewährleisten.

Nicht nur Zahlen sollten Auditierungsgegenstand sein, sondern auch Systeme und Abläufe. Dabei gilt es insbesondere zu prüfen, wie sicher die aktuellen Systeme und Abläufe sind und ob eingebaute Kontrollmechanismen und Prüfschritte ausreichend und effektiv sind. Das Festlegen dieser verschiedenen Audit-Fokusse ist oberste Führungsaufgabe, die Durchführung und Umsetzung verlangt eine gute Koordination und Kommunikation insbesondere in Organisationen mit zahlreichen Niederlassungen. Dann ist die Chance auch groß, dass Beanstandungen aus internen und externen Revisionen abgearbeitet werden.

Mit einem bereits angesprochenen geschäftsfördernden Audit-Verständnis geht aber auch einher, dass der Auditaufwand der Situation jeder Niederlassung entsprechend angepasst wird.

> **Praxistipp: Enterprise Resource Planning (ERP)**
> Mit ERP-Lösungen implementieren Unternehmen Softwarelösungen, welche im besten Fall die Kernprozesse und somit wichtigsten Wertschöpfungen digital abbilden und mittels Datenmanagement und Automatisierungen effizienter gestaltet. Die ERP-Lösung sollte im Hinblick auf eine internationale Nutzung hin geprüft werden. Dazu gehören unter anderem, dass diese lokale Währungen verarbeiten kann, gesetzliche Vorgaben (z. B. Mehrwertsteuer) erfüllt, dass der Datenspeicherort definiert werden kann (und der Datenschutz gegeben ist) und ein globales Reporting über alle Niederlassungen hinweg möglich ist.

4.6.3 Umgang mit gesetzlichen Vorschriften

Aufgrund der fortschreitenden Verrechtlichung der Unternehmensführung kommt dem Einhalten von gesetzlichen und regulatorischen Vorgaben eine immer größere Bedeutung zu. Die große praktische Relevanz der Thematik wird vor allem an den Konsequenzen erkennbar, die mit Nichteinhaltung rechtlicher Vorschriften direkt oder indirekt verbunden sind. Die EU verhängt bspw. Kartellstrafen in dreistelliger Millionenhöhe. Ferner laufen Unternehmen in der Folge von Rechtsverstößen Gefahr, von öffentlichen Ausschreibungen wie auch privaten Auftraggebern vorübergehend ausgeschlossen zu werden. Rechtliche Sanktionen müssen zudem nicht nur auf das Unternehmen gerichtet sein, sondern können insbesondere auch Organmitglieder persönlich treffen. Die Aufklärung vermuteter Normabweichungen wird oft beträchtliche Ressourcen des Unternehmens binden und unter Umständen auch die Aufmerksamkeit des Topmanagements stark beanspruchen. Neben diesen unmittelbaren ökonomischen Wirkungen können Normbrüche die Reputation des Unternehmens und der Führung ernsthaft beschädigen. Umgekehrt stärkt eine klare Compliance das Vertrauen der Anspruchsgruppen in das Unternehmen.

Das Einhalten der gesetzlichen Vorschriften über alle Unternehmenseinheiten hinweg ist letztlich zentral für die längerfristige Existenz und gute Reputation einer internationalen Firma.

Take-Aways zu den sechs Subsidiary Governance Inhaltsmodulen

- Systemmanagement basiert auf dem St. Galler Management-Modell und beinhaltet das Geschäftsmodell, Abhängigkeiten/Verbindungen, Erfolgstreiber/Kernkompetenzen und systemisches Denken in Kultur und Prozessen. Es beinhaltet auch die Verantwortung der Führung, die Organisation zu einer systemisch denkenden und agierenden Organisation zu entwickeln.
- Mission Management definiert die Schnittstellen zwischen dem Hauptsitz/ Mutterhaus und den Niederlassungen in den Bereichen Strategie, Struktur und Kultur (niederlassungsspezifische Strategien, Erfolgskennziffern, Aufbau- und Ablauforganisationen, Schlüsselpersonen/Nachfolgeplanung sowie Kultur als Führungsaufgabe).
- Integritätsmanagement unterstützt mit der entsprechenden Kultur und Führung, die Niederlassungsstrategie mit ethischen Grundsätzen und Verantwortungsbewusstsein im betrieblichen Alltag der Niederlassung konsistent umzusetzen.
- Erweitertes Stakeholder- bzw. Anspruchsgruppenmanagement stellt sicher, dass die Anspruchsgruppen bekannt und die Kauf- und Verkaufsprozesse definiert sind, die Kunden- und Mitarbeitendenzufriedenheit gemessen werden und im Führungsprozess verankert sind.
- Risikomanagement beinhaltet die Identifikation und Messung von Risiken (strategisch und operativ) sowie deren Verankerung im Bewusstsein der Mitarbeitenden und im Führungsprozess.
- Audit Management ist eine Steuerungsaufgabe, um die internen Kontrollinstrumente (Finanzen, Gesetze, Systeme und Abläufe) zu überwachen, Lücken/ Risiken zu dokumentieren und diese im Führungsprozess zu verankern.

Literatur

Aibel H (1987) Business Ethics and ITT. New York (Referat)

Bachmann L (2019) Customer satisfaction measurement and its role in customer centricity. Universität St. Gallen, Projektarbeit

Barney JB (1991) Firm resources and sustained competitive advantage. J Manag 17(1):99–120

Bendle NT, Bagga CK (2016) The metrics that marketers muddle. MIT Sloan Manag Rev 57(3):73–82

Bleicher K (1990) Zukunftsperspektiven organisatorischer Entwicklung. ZfO 3:152 f

Bleicher K (1996) Das Konzept integriertes Management, 4. Aufl. Campus, New York

Böhrer N (2010a) Subsidiary Boards in international tätigen Unternehmen. Der Einfluss interner und externer Kontextfaktoren auf die Ausgestaltung der Subsidiary-Board-Aufgaben. Universität St. Gallen. (Vorstudie zur Doktorarbeit), Switzerland

Böhrer N (2011a) Subsidiary boards in internationally active companies: active or passive bodies? How do external and internal context factors influence the tasks of subsidiary boards? (Konferenzpapier präsentiert am Norefjell Board Governance Workshop), Norwegen

Böhrer N, Wolf P (2011) Das Wissensmanagement neben der Linie. In: Kaudela-Baum S, Nagel E, Bürkler P, Glanzmann V (Hrsg.) Führung lernen. Fallstudien zu Führung, Personalmanagement und Organisation. Springer, Berlin

Buda D (1991) Arbeitsnehmertreffs quer durch Europa unterstützen die nationale interessensvertretung. Mitbestimmung 37:241–244

De Haan E, Verhoef PC, Wiesel T (2015) The predictive ability of different customer feedback metric for retention. Int J Res Mark 32(2):195–206

Deal TE, Kennedy AA (1982) Corporate cultures: the rites and rituals of corporate life. Addison-Wesley, Boston

Demb A, Neubauer FF (1990) Subsidiary company boards reconsidered. Eur Manag J 8(4):480–487

Deming WE (1982) Out of the crisis. Massachusetts Institute of Technology, Cambridge

Dixon M, Adamson B (2011) The challenger sale: Taking control of the customer conversation. Portfolio, London

Fink D, Hartmann M (2009) Das Missing-link-Prinzip. Schließen sie die Lücke zwischen Strategie und Umsetzung. Hanser, München

Furkel D (2004) Talententwicklung ist Chefsache. Personalmagazin 4:10–11

Göbel E (2006) Unternehmensethik: Grundlagen und praktische Umsetzung. Lucius & Lucius, Stuttgart

Gomez P, Zimmermann T (1993) Unternehmensorganisation. Campus, New York

Haller M (1986) Risiko Management. SzU 33:19 ff

Hamel G, Prahalad CK (1990) The core competence and the corporation. Harv Bus Rev 62(3):79–91

Hilb M (1984) Diagnose-Instrument zur Personal- und Organisationsentwicklung. Haupt, Stuttgart

Hilb M (2001) Integriertes Personal-Management: Ziele – Strategie – Instrumente, 9 Aufl. Luchterhand, Neuwied

Hilb M (2008) New corporate governance. Successful board management tools, 3 Aufl. Springer, Berlin

Hilb M, Renz P (2009) Wirksame Führung und Aufsicht von Not-for-profit-Organisationen. Haupt, Bern

Huse M, Rindova V (2001) Stakeholder's expectation to board of directors: the case of subsidiary boards. J Manage Governance 5:153–178

Kriger MP (1988) The increasing role of subsidiary boards in MNCs: an empirical study. Strateg Manag J 9:347–360

Kunz G (2004) Nachwuchs fürs Management. High Potentials erkennen und gezielt fördern. Gabler, Wiesbaden

Leksell L, Lindgren U (1982) The board of directors in foreign subsidiaries. J Int Bus Stud 13(1):27–38

Lewrick M (2021) Business Ökosystem Design: Ein Paradigmenwechsel in der Gestaltung von Geschäftsmodellen und Wachstum. Franz Vahlen, München

Müller-Stewens G, Brauer M (2009) Corporate strategy & governance. Wege zur nachhaltigen Wertsteigerung im diversifizierten Unternehmen. Schäffer-Poeschel, Stuttgart

Osterwalder A, Pigneur Y (2010) Business model generation, 2. Aufl. Campus, New York

Pless NM, Maak T (2004) Building an inclusive diversity culture: principles, processes and practice. J Bus Ethics 54:129–147

Pümpin C, Kobi M, Wüthrich H (1985) Unternehmenskultur. Die Orientierung 85. Schweizerische Volksbank, Bern

Rall W (1997) Der Netzwerkansatz als Alternative zum zentralen und hierarchisch gestützten Management der Mutter-Tochter-Beziehungen. In: Macharzina K, Oesterle M-J (Hrsg) Handbuch internationales Management. Gabler, Wiesbaden

Renz P (2007) Project governance. Implementing corporate governance and business ethics in Nonprofit Organizations. Springer, Heidelberg

Renz P (2011) Stellt ihr Aufsichtsrat die richtigen Fragen. Eröffnungsreferat am 18. Österreichischen NPO-Kongress zum Thema: Sind Sie fit für wirkungsvolles Management, Wien

Renz P (2012) Viel fliegen, viel vertrauen oder… Subsidiary Governance. VR-Praxis 1:18–19

Rezny T (2010) Systemorientierte Businessmodelle. Effektiv und effizient kooperieren durch systemisches Verständnis. Hochschule Luzern – Wirtschaft, Masterarbeit

Roch C (2009) Der Weltkonzernbetriebsrat von Volkswagen. Grin, Norderstedt

Rüegg-Stürm J (2003) Das neue St. Galler Management-Modell. Grundkategorien einer integrierten Managementlehre. Der HSG-Ansatz. Haupt, Bern

Scheffler E (1998) Finanzielles Konzernmanagement – Ansätze und Empfehlungen aus betriebswirtschaftlicher Sicht. In: Theisen MR (Hrsg.) Der Konzern im Umbruch. Organisation, Besteuerung, Finanzierung und Überwachung. Schäffer-Poeschel, Stuttgart

Schein E (1995) Career survival: strategic job and role planning. Peiffer, San Diego

Schreyögg G, Geiger D (2016) Organisation. Grundlagen moderner Organisationsgestaltung, 6 Aufl. Gabler, Wiesbaden

Sprenger M, Böhrer N, Piazza D (2011) Von Zahnrädern und Zahnriemen. Kundenorientierung sinnvoll in Organisationen verankern. Zeitschrift für Organisation ZfO 3:154–160

Theisen RT (2000) Der Konzern. Betriebswirtschaftliche und rechtliche Grundlagen der Konzernunternehmung, 2 Aufl. Schäffer-Poeschel, Stuttgart

Thomas A (1993) Psychologie interkulturellen Lernens und Handelns. In: Psychologie K (Hrsg) Thomas A. Hogrefe, Göttingen, S 380–381

Ulrich H (2001a) Systemorientiertes Management. Haupt, Bern

Ulrich H (2001b) Gesammelte Schriften, Bd. 3. Anleitung zum ganzheitlichen Denken und Handeln. Haupt, Bern

Ulrich P (2008) Integrative Wirtschaftsethik. Grundlagen einer lebensdienlichen Ökonomie, 4 Aufl. Haupt, Bern

Von Krogh GF, Venzin M (1995) Wissensmanagement. Die Unternehmung 6:417–436

Die Auswirkungen guter Subsidiary Governance auf relevante Resultatgrößen

5

Was ist der Nutzen guter Subsidiary Governance? Im vorhergehenden Kapitel wurden die sogenannten Inhaltsmodule beschrieben. Diese schaffen – wie im Kap. 2 aufgezeigt – Voraussetzungen für mehrere zentrale Eigenschaften erfolgreicher Unternehmen, nämlich für Wettbewerbsstärke, Innovationsfähigkeit, Nachhaltigkeit, Führung (im Sinne von Führungsstärke), digitale Reife und Umsetzungsexzellenz. Im Subsidiary Governance Modell (vgl. Abb. 2.1) sind dies die sogenannten Resultatmodule. Mit anderen Worten: Die Inhaltsmodule liefern zentrale Grundlagen für die Resultatmodule, weshalb erstere auch Grundlagenmodule genannt werden. In diesem Kapitel werden nun die Resultatmodule vorgestellt und die Verbindungen zu den bisherigen Konzepten aufgezeigt.

5.1 Wettbewerbsstärke

Ein zentrales Führungsthema ist die starke Wettbewerbspositionierung des Unternehmens innerhalb verschiedener Märkte. Wettbewerbsstärke setzt sich u. a. zusammen aus dem Marktanteil, dem Produktionspotenzial, der Umweltbelastung, dem Innovationspotenzial, der Mitarbeiterqualität und der Qualität der Systeme und Strukturen eines Unternehmens (Müller-Stewens 2003). Diese Einflussfaktoren können auf verschiedenen Ebenen erfasst werden: auf Produktstufe, Segmentstufe, für ganze Niederlassungen oder auch für die gesamte Unternehmung.

Das Subsidiary Governance Modell liefert wertvolle Hinweise, inwiefern eine Unternehmung mit ihren einzelnen Niederlassungen überhaupt die Fähigkeiten hat, eine angemessene Wettbewerbsstärke zu erreichen. Ein hoher Marktanteil bedarf z. B. ausgezeichneter Kenntnisse der Mechanismen eines spezifischen Marktes – und das in allen marktrelevanten Niederlassungen. Mehrere Faktoren aus den Grundlagemodulen sind damit wichtige Voraussetzung für nachhaltig gute Wettbewerbsstärke. Aus den

© Der/die Autor(en) 2023
P. Renz et al., *Niederlassungen führen*, https://doi.org/10.1007/978-3-662-66203-8_5

Informationen zu den Grundlagemodulen kann eine Unternehmung folgern, wie gut die entsprechenden Verantwortlichen innerhalb der Niederlassungen die relevanten Marktfaktoren verstehen, wie gut die Kundenorientierung als Voraussetzung für hohe Marktakzeptanz und damit die Wettbewerbsstärke ist und inwiefern die Organisationskultur eine nachhaltige Wettbewerbsstärke unterstützt.

Die in Kap. 4 vorgestellten Grundlagenmodule dienen als zentrale Grundlagen bzgl. der Wettbewerbsstärke, indem sie Informationen liefern zu drei relevanten Faktoren:

1. Verständnis der Wettbewerbstreiber
2. Kundenorientierung
3. Nachhaltiges Wettbewerbsverhalten und proaktive Kultur.

Abb. 5.1 zeigt beispielhafte Einflussfaktoren der Inhaltsmodule, welche matrixartig die Wettbewerbsstärke beeinflussen.

> **Praxistipp: Instrumente zur Eruierung der Wettbewerbsstärke**
> Um die Wettbewerbsposition eines Unternehmens zu eruieren, wird in der Praxis oft die McKinsey-Portfolioanalyse eingesetzt, eine Erweiterung der Boston Consulting Group-Portfolioanalyse. Dabei werden relative Marktvorteile („wie gut sind wir im Vergleich") der Marktattraktivität („wie interessant ist der Markt überhaupt") gegenübergestellt (vgl. Abb. 5.2).

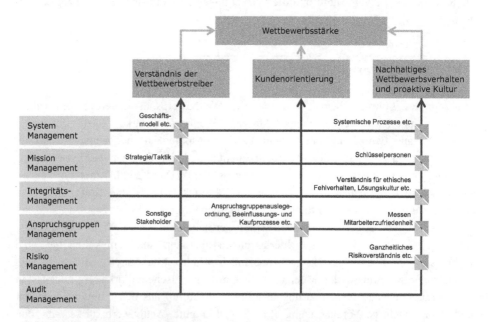

Abb. 5.1 Einfluss der Inhaltsmodule auf die Wettberbsstärke

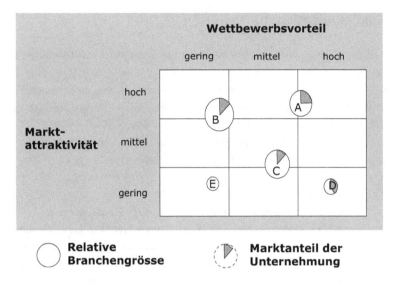

Abb. 5.2 McKinsey Portfolioanalyse im Kontext der Wettberbsstärke

Eine bekannte Schwierigkeit der McKinsey-Portfolioanalyse ist die Frage, welche Faktoren für die Definition der Dimensionen hinzugezogen werden und wie diese Faktoren überhaupt fundiert evaluiert werden können, v. a. wenn es sich um „weiche Faktoren" handelt. Die Faktoren aus dem Subsidiary Governance Modell bieten hier konkrete Abhilfe, insbesondere wenn sie in Zusammenarbeit zwischen Mutterhaus und Niederlassung erhoben werden.

5.1.1 Verständnis der Wettbewerbstreiber

Um eine starke Wettbewerbsposition inne zu haben, bedarf es einer guten Marktkenntnis. Jeder Markt hat seine spezifischen Merkmale, welche entsprechend auch in den einzelnen Märkten erfasst werden müssen. Die lokalen und regionalen Führungskräfte kennen ihren Markt, wenn sie die relevanten Akteure identifiziert haben sowie deren Einfluss abschätzen können. Hierfür ist das systemische Verständnis (Modul Systemmanagement) kombiniert mit dem Anspruchsgruppenmanagement eine wichtige Voraussetzung. Wer spielt welche Rollen im System? Wie sind die gegenseitigen Einflüsse, welche Erwartungen werden gestellt und wo sind kurz- sowie langfristige Einwirkungen zu erwarten?

Erst ein gutes Verständnis der Wettbewerbstreiber in den lokalen Märkten erlaubt es, erfolgreiche niederlassungsspezifische Strategien und Taktiken zu etablieren.

5.1.2   Kundenorientierung

Die Kundenorientierung ist ebenfalls eine Bedingung für Wettbewerbsstärke; das Modul Anspruchsgruppenmanagement liefert dazu eine wichtige Grundlage. Nur wenn die aktuellen sowie die potenziellen Kunden bekannt sind, wenn deren Bedürfnisse und Kaufprozesse gut erfasst werden und die Verkaufsprozesse entsprechend gestaltet sind, kann ein Unternehmen aus einer Position der Stärke wertschaffend wirken.

Da sich Bedürfnisse von Kunden und deren Kaufverhalten verändern, ist Kundenorientierung keine Konstante, sondern stellt eine „dynamische Größe" dar. Kundenorientierung erfordert folglich eine Anpassungs- und Lernfähigkeit der Beteiligten (Sprenger et al. 2011).

Nicht nur die einzelnen Niederlassungen, die ihre Märkte bearbeiten, müssen kundenorientiert handeln. Oft sind verschiedene Stellen verschiedener hierarchischer Stufen in die Kundenarbeit involviert. Man denke nur an den Verkauf eines großen Projektes, wofür das Engagement der Regionalleitung und des Mutterhauses notwendig ist. Deshalb ist eine konsequente Kundenorientierung über die Grenzen einzelner Niederlassungen oder Funktionen hinaus – mehr noch ein Zusammenspiel verschiedener Funktionen und Stufen – ein zentrales Element für die Wettbewerbsstärke internationaler Unternehmen.

Eine Möglichkeit, Kundenzufriedenheit zu fördern ist es, diese regelmäßig zu messen und resultierende Potenziale auf allen Hierarchiestufen zu thematisieren. Dadurch wird auch eine entsprechende Einstellung der Mitarbeitenden gefördert, Kundenorientierung als zentrales Element anzuerkennen.

5.1.3   Nachhaltiges Wettbewerbsverhalten und proaktive Kultur

Ein wichtiger Bestandteil unternehmerischer Nachhaltigkeit (vgl. Abschn. 5.3) ist nachhaltiges Wettbewerbsverhalten. Es gibt zunehmend Beispiele bekannter Firmen, welche sich aus Nachhaltigkeitsgründen entschließen, Märkte, die nur mit korruptem Verhalten bearbeitet werden können, zu verlassen. Kurzfristig entgehen zwar Verkaufserlöse, aus Sicht der Nachhaltigkeit vermeidet die Unternehmung aber die schädlichen Folgen einer möglichen gesetzlichen Verfolgung. Intern werden Signale gesendet, die die Loyalität der Mitarbeitenden erhöhen, extern verstärkt eine Unternehmung damit eine glaubwürdige Reputation.

Wettbewerbsstärke resultiert nicht aus kurzfristigen Erfolgen, sondern aus proaktiver und nachhaltiger Marktbearbeitung. Nachhaltiges Wettbewerbsverhalten und eine entsprechende proaktive Kultur werden durch eine Vielzahl von Einflussfaktoren gefördert; dies zu fördern und einzufordern ist aber gerade in internationalen Firmen mit zahlreichen und verschiedenen „Schauplätzen" eine herausfordernde, aber wichtige Führungsaufgabe. Viele diesr ermöglichenden Faktoren werden in den Grundlagemodulen erfasst, insbesondere im Modul Systemmanagement (systemisches Denken und systemische Prozesse), im Modul Integritätsmanagement (lösungsorientierte Zusammen-arbeitskultur) und im Modul Risikomanagement (kontinuierliches Abwägen von Risiken bezüglich der Märkte im Allgemeinen sowie der Kunden im Speziellen).

5.2 Innovationsfähigkeit

Für die Erhaltung der Wettbewerbsfähigkeit von Unternehmen aller Größenklassen und für den Wohlstand unserer Gesellschaft sind Innovationen unverzichtbar. Die meisten Unternehmen sind zum Überleben auf erfolgreiche Innovationen angewiesen.

Von Innovationen innerhalb eines Unternehmens spricht man immer dann, wenn das Unternehmen etwas tut, das außerhalb seiner bisherigen Erfahrungen liegt. Hierbei kann es sich um die Modifikation bestehender Angebote, um ein neues Produkt, eine neue Geschäftsidee, den Eintritt in einen neuen Markt oder das Anwenden eines neuen Her-stellungsverfahrens handeln.

Die organisationale Fähigkeit zu „wahrer" Innovation ist schwer kopierbar und zahlt sich in Form eines langen profitablen Wachstums aus. Verschiedene empirische Studien belegen, dass Innovationen einen positiven Einfluss auf den Unternehmenswert haben. Beispielsweise hat die Höhe der Forschungs- und Entwicklungsaufwendungen positive Auswirkungen auf die Wettbewerbsfähigkeit eines Unternehmens (Woolridge und Snow 1992). Mit verschiedenen Ansätzen der sogenannten Open Innovation ver-wischen sich die Grenzen klassischer Entwicklungsabteilungen; Innovation findet häufig in losen, spontanen und dynamischen Netzwerken statt. Während eine Abhandlung aller innovationsfördernden Faktoren den Rahmen dieser Publikation sprengen würde, werden durch die vorgestellten Grundlagenmodule wichtige Bedingungen gelegt für die organisationale Fähigkeit, erfolgreiche Innovationen hervorzubringen. Die zentralen Faktoren für die Innovationsfähigkeit, welche aus den Grundlagenmodulen abgeleitet werden können, sind:

1. Systemverständnis als Innovationsgrundlage
2. Kundenverständnis als Innovationsgrundlage
3. Innovationsfördernde Kultur.

Abb. 5.3 zeigt beispielhafte Einflussfaktoren der Inhaltsmodule, welche matrixartig die Innovationsfähigkeit beeinflussen.

5.2.1 Systemverständnis als Innovationsgrundlage

Grundsätzlich innoviert eine Organisation mit einem guten Systemverständnis besser und vor allem nachhaltiger. Systemverständnis bedeutet, auf verschiedenen Ebenen in Abhängigkeiten und Verbindungen zu denken. Im Kontext einer internationalen

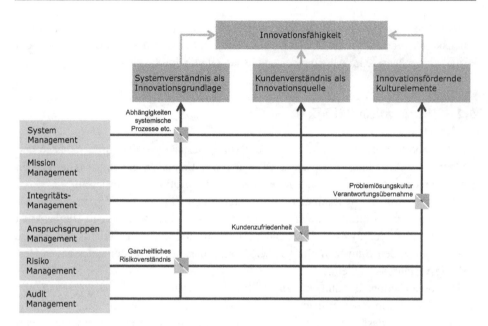

Abb. 5.3 Einfluss der Inhaltsmodule auf die Innovationsfähigkeit

Organisation entstehen Innovationen meist durch die Zusammenarbeit verschiedener unternehmensinterner und -externer Akteure (siehe Expertenwissen Open Innovation). Die geografischen Grenzen und kulturellen Besonderheiten von Niederlassungen stellen keine Barrieren mehr dar, sondern werden zu Stärken. Je besser derartige Netzwerke genutzt werden können bspw. zum grenzübergreifenden Informationsaustausch hinsichtlich Märkten, Lieferanten, Gesetzgebern, Verbänden, Konkurrenten, Wissenschaftlern etc., desto wahrscheinlicher sind erfolgreiche Innovationen.

Förderlich für das Systemverständnis und damit für Innovationen sind zudem eine systemische Kultur (bspw. interdisziplinär orientiert) und systemische Prozesse (mit Iterationen und Feedbackschlaufen). Die Kenntnis der Kernkompetenzen und der angestrebten strategischen Positionen (z. B. Marktführer in einer Nische zu sein) ist wichtig, damit die kreativen Mitarbeitenden wissen, wo sie mit ihrer Innovationsarbeit ansetzen sollen (Thom 2006).

> **Praxistipp: Synergien zwischen Geschäftsbereichen – neue strategische Geschäfts-felder**
> Gerade in der jüngsten Krise stellt sich in zahlreichen Großunternehmen verstärkt die Frage, wie Synergien zwischen einzelnen Geschäftsbereichen erschlossen werden können. Ein wichtiges Potenzial liegt in der Hervorbringung neuer Produkte und Dienstleistungen, die auf Ressourcen mehrerer Geschäftsbereiche

basieren. Eine Pharmaunternehmen kann bspw. die Aktivitäten von Geschäftsbereichen wie Diagnostik und Pharma bündeln, um personalisierte Diagnose- und Therapielösungen für Patienten zu entwickeln. Ein systematisches Management dieser bereichsübergreifenden Vorhaben, basierend auf systemischem Denken und damit Flexibilität der Mitarbeitenden, stellt einen nicht zu unterschätzenden Erfolgsfaktor dar.

5.2.2   Kundenverständnis als Innovationsgrundlage

Innovative Unternehmen sind in der Lage, Kundentrends frühzeitig zu erfassen. Sie übertreffen Erwartungen und erarbeiten gemeinsam mit Kunden neue Entwicklungen. Allgemeine Konsumententrends können auch aus der Marktforschung eruiert werden. Naheliegende, aber oft wenig systematisch genutzte Quellen für Innovationsideen sind bestehende und zukünftige Kunden. Nicht selten werden in Verkaufsgesprächen, Wartungsgesprächen oder technischen Diskussionen mit dem Kunden konkrete Ideen oder Impulse für Innovationen geliefert. Gerade in Unternehmen mit zahlreichen Niederlassungen und strategischen Partnern stellt es eine Herausforderung dar, diese Innovationsimpulse zu erfassen und richtig zu kanalisieren. Erfolgreichen Innovatoren gelingt genau dies – bei weniger erfolgreichen wird dies Teil einer Führungslücke, letztlich eines Governance Gaps.

5.2.3   Innovationsfördernde Kultur

Die Kultur eines Unternehmens kann innovationsfördernd oder innovationshemmend sein. Je bewusster eine Organisation mit entsprechenden Kulturausprägungen umgeht, desto größer ist die organisationale Fähigkeit zu innovieren. Folgende Kulturausprägungen können als günstig eingeschätzt werden (Thom 2006):

- Initiativen und Bereitschaft zur Erprobung neuer Problemlösungen werden belohnt.
- Bei Nichtroutineaktivitäten dürfen Fehler gemacht werden, sofern sie sich nicht identisch wiederholen und sie als Ausgangspunkt für gezielte Verbesserungen genutzt werden.
- Kunden werden ebenso wie Lieferanten als wertvolle Ideenquellen betrachtet (s. auch systemisches Denken).
- Jeder Vorgesetzte betrachtet es als Teil seiner Aufgabe, seine Mitarbeitenden zu kreativen Leistungen anzuspornen.
- Innovationserfolge werden gefeiert und gewürdigt.

Hochinnovative Organisationen haben bereits vor einer Weile begonnen, Innovationsprozesse in immer neuen Netzwerken zu fördern und ihre Innovationskapazität zu öffnen (Open Innovation). Dies gilt für nationale wie für international tätige Unternehmen. Ein Problem, das im internationalen Kontext aber anzutreffen ist und für eine innovationsfördernde oder innovationshemmende Organisationskultur ausschlaggeben ist, ist der sogenannte Kulturrelativismus. Mitarbeitende betrachten dabei – vereinfacht gesagt – das Andersartige in anderen Kulturen als limitierenden Faktor, statt es als Quelle für Innovationsideen aufzunehmen. So wird ersichtlich, wie wichtig, aber auch herausfordernd es gerade in geografisch weit vernetzten Organisationen ist, (mentale) Barrieren und Ängste abzubauen. Ansonsten werden Niederlassungsgrenzen zu Innovationsgrenzen.

Ein innovationsförderndes Arbeitsklima zu schaffen, ist eine Aufgabe auf allen Management- und Geografiestufen. Der alleinige Einsatz spezifischer Innovationsinstrumente (z. B. betriebliches Vorschlagswesen) verspricht nur dann nachhaltigen Erfolg, wenn die Organisationskultur innovationsfördernd ist.

> **Praxistipps: Innovationsmotivation durch Personalmanagementinstrumente**
> Die Motivation der involvierten, auch der niederlassungsübergreifenden Mitarbeitenden ist Grundlage einer innovationsfördernden Kultur. Erkenntnisse aus dem Personalmanagement zeigen, dass man durch regelmäßige Mitarbeitendengespräche, Gruppen- und Belegschaftsbefragungen konkrete Anhaltspunkte dafür gewinnen kann, wie Beteiligte an Innovationsprozessen zum Einsatz ihrer Fähigkeiten bewegt werden können (Thom 2006). Es ist also empfehlenswert, die genannten Personalprozesse auch für die Gestaltung einer innovationsfördernden Kultur einzusetzen.

Expertenwissen: Open Innovation Innovation sollte nicht nur von innerhalb des Unternehmens stattfinden. Durch die Effekte der Digitalisierung und Globalisierung und die daraus mögliche Reduktion der Transaktionskosten können Teile der Wertschöpfungsaktivitäten und der Wertschöpfungskette eines Unternehmens ausgelagert und günstiger oder besser von externen Geschäftspartnern bezogen werden (Schwaferts 2020). Die Nutzung solcher Kollaborationsvorteile bietet sich auch für die Forschung und Entwicklung neuer Produkte und Dienstleistungen an, welche dadurch eine neue Dynamik erfährt. Den Innovationsprozess versteht man sodann als „[…] einen vielschichtigen offenen Such- und Lösungsprozess, der zwischen mehreren Akteuren über die Unternehmensgrenzen hinweg abläuft […]“, wobei unternehmensexterne Kompetenzen in den Innovationsprozess miteinfliessen (Piller et al. 2017). Im Zusammenhang mit Subsidiary Governance sind solche Kompetenzen beispielsweise das relevante lokale Fach- und Expertenwissen. Wie für den Innovationsbegriff definiert, gilt auch für die Open Innovation das Ziel der Kommerzialisierung der auf internen und externen Einflüssen basierenden Innovation (Pohl und Engel 2020). Weshalb Open Innovation-Ansätze für die Innovationskraft einer Unternehmung relevant sind, zeigen zum einen die Erkenntnis, wonach es für ein Unternehmen nur schwer möglich ist über alle relevanten Kompetenzen selbst zu verfügen (Chesbrough 2003, 2006, zitiert in Herstatt und Nedon 2014), und zum anderen diverse Studien, wie beispielsweise das Verdi-Innovationsbarometer der deutschen Gewerkschaft Verdi, aus welchem hervorgeht, dass Unternehmen, welche Open Innovation-Ansätze stark verfolgen, mehr innovieren als Unternehmen, die Open Innovation-Ansätze weniger stark verfolgen (Verdi 2017). Hinzu kommt, dass durch die Öffnung und den Einbezug externer Parteien die Möglichkeit besteht, eine stärkere Bindung zwischen der Unternehmung und den externen Parteien zu erreichen. Zudem kann eine allfällige „Betriebsblindheit" durch externe Ideen und „frischen Wind" überkommen werden (Pohl und Engel 2020).

Für die Umsetzung von Open Innovation können drei Archetypen unterschieden werden, die sich nach der Fließrichtung des ausgetauschten Wissens einordnen lassen (Enkel 2009; Gassmann und Enkel 2004, 2006, zitiert in Herstatt und Nedon 2014):

1. Outside-In: Das Wissen strömt von außerhalb des Unternehmens in das Unternehmen. Der Fokus liegt auf der Exploration von externen Kompetenzen zur Erweiterung und Verbesserung des eigenen Innovationsprozesses.
2. Inside-Out: Das Wissen strömt von innerhalb des Unternehmens aus dem Unternehmen. Der Fokus liegt auf der Verwertung von internen Kompetenzen zur schnelleren Vermarktung von Konzepten oder dem Verkauf von Lizenzen.
3. Coupled: Die Kombination. Das Unternehmen erhält externes Wissen und gibt internes Wissen preis. Der Fokus liegt auf einer nachhaltigen Beziehung mit externen Partnern und einem intensiven Wissensaustausch.

Studien zeigen, dass der Coupled Ansatz am häufigsten von Unternehmen angestrebt wird, die Open Innovation systematisch betreiben (Chesbrough und Crowther 2006; Lichtenthaler 2008; Schroll und Mild 2011; van de Vrande, de Jong, Vanhaverbeke, de Rochemont 2009, zitiert in Herstatt und Nedon 2014).

Wie Open Innovation konkret umgesetzt werden kann, zeigt die im Folgenden genannte Auswahl an Open Innovation-Ansätzen. Die Ansätze können zum einen nach dem (Öffnungs-)Grad der Kundenintegration und zum anderen nach dem Einsatz in der Innovationsphase unterschieden werden (Pohl und Engel 2020).

Die Autoren möchten in diesem Buch einen einleitenden Überblick über die Open Innovation Thematik verschaffen. In diesem Sinne werden im Folgenden, den Erklärungen von Pohl und Engel (2020) folgend, nur die in der Literatur häufiger besprochenen Ansätze kurz vorgestellt (Abb. 5.4). Abb. 5.5 ermöglicht es jedoch der interessierten Leserschaft tiefer, den eigenen Bedürfnissen entsprechend, in die Thematik und die jeweiligen Ansätze einzusteigen.

Nachdem nun die Gründe und die Relevanz für Open Innovation und deren Umsetzung diskutiert wurden, werden im Folgenden auch Risiken im Zusammenhang

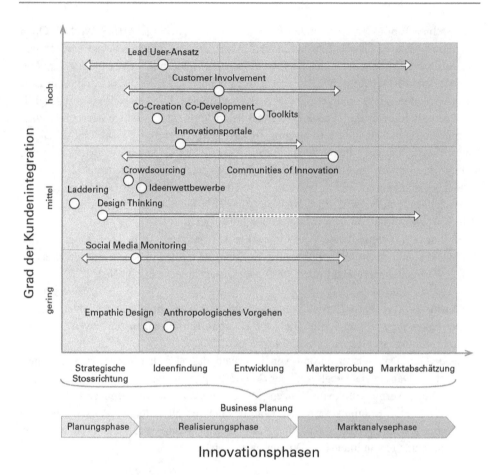

Abb. 5.4 Open Innovation-Ansätze nach Grad der Kundenintegration und nach Innovationsphase. (eigene Darstellung in Anlehnung an Pohl und Engel 2020)

mit Open Innovation angesprochen. Neben der oben bereits erwähnten (arbeits-)recht-lichen Fragen und der Frage nach der gerechten Entlohnung, spielt auch die Frage nach der Motivation der durch Open Innovation-Ansätze verbundenen externen Parteien eine wichtige Rolle. Diese kann zuweilen einen positiven oder negativen Einfluss auf die Qualität der Leistung bzw. der erarbeiteten Lösung haben. Ein anderer Aspekt, den es individuell abzuwägen gilt, ist der Grad der Preisgabe von unternehmensspezi-fischem Wissen, Arbeitsabläufen, Produktionsverfahren und sonstigen Informationen von strategischer Wichtigkeit, sowie ein durch die Öffnung möglicherweise entstehender Kontrollverlust.

Trotzdem sollten aber durch die obigen Ausführungen nicht nur die Vorteile von Open Innovation klar geworden sein, sondern auch, hervorgerufen durch die Heraus-forderungen der Digitalisierung und der digitalen Transformation, wie beispielsweise die

Überblick über Open Innovation-Ansätze	
Lead-User	Ausgewählte Nutzer oder potentiell zukünftige Nutzer des Produktes oder der Dienstleistung (oder des Prozesses) werden beispielsweise mit Workshops aktiv in den Innovationsprozess miteinbezogen. Damit können deren während der Nutzung oder der im sonstigen Umgang mit der Lösung eines existierenden Problems entstandenen Beobachtungen, Erfahrungen, Ideen, Verbesserungsvorschläge, usw. in den Innovationsprozess mit einfließen.
Communities of Innovation	Innovationscommunities setzen sich zusammen aus an der Generierung von Lösungen und Innovationen interessierten Mitgliedern, die keinen kommerziellen Nutzen verfolgen. Diesem Grundsatz entsprechend haben solche Communities auch keine Vorgaben, sondern erarbeiten Produkt-, Dienstleistungs-, oder Prozessinnovationen nach eigenen Vorstellungen, Normen und Verhaltensregeln. Die Communitybildung erfolgt freiwillig und intrinsisch motiviert über das Internet, beispielsweise über Plattformen.
Crowdsourcing	Bei Crowdsourcing werden vormals unternehmensinterne (Innovations-)Aktivitäten auf eine große Gruppe von externen Personen mittels Aufruf ausgelagert. Damit wird auf die Innovationskraft der großen Menge gesetzt. Auch für Crowdsourcing stehen internetbasierte Plattformen zur Verfügung, wobei aber die „Crowdworker" eine Entlohnung für die von ihnen geleistete Arbeit erwarten. Da aber in der Regel nur die besten Lösungen prämiert werden und zuweilen auch die (arbeits-)rechtlichen Rahmenbedingungen noch Fragen aufwerfen, gilt es auch von Seiten der auftraggebenden Unternehmung gewisse Risiken zu beachten, die sich gegebenenfalls auch negativ auf die Qualität der so erhaltenen Lösung auswirken können.
Social Media Monitoring	Social Media Plattformen sind eine wichtige Informationsquelle um (zukünftige) Kundenbedürfnisse und Ideen für Innovationen abzuholen. Neben des stillen Monitorings der kundenseitigen Aktivitäten, wie beispielsweise von Testberichten oder Testvideos zu Produkten und der dazugehörigen Diskussion der Kunden unter sich zur Identifizierung von Wünschen und Kritik, bieten sie auch eine Möglichkeit der ungezwungenen Interaktion mit den (potentiellen) Kunden.
Design Thinking	Design Thinking ist ein Ansatz, welcher je nach Auslegung fünf oder sechs Phasen beinhaltet. Nach Lewrick, Link und Leifer (2018) sind es die sechs Phasen (1) Verstehen, (2) Beobachten, (3) Sichtweise definieren, (4) Ideen finden, (5) Prototypen entwickeln und (6) Testen. Unabhängig der Anzahl Phasen versteht sich Design Thinking als iterativer und kundenzentrierter Ansatz. Je nach Bedarf kann auch in den Phasen zurückgegangen werden, um beispielsweise das Verständnis der Kundenbedürfnisse weiter zu vertiefen oder einen getesteten Prototypen unter Berücksichtigung des erhaltenen Feedbacks weiter zu verfeinern.

Abb. 5.5 Überblick über Open Innovation-Ansätze. Die Erklärungen verstehen sich aus der Sicht der Open Innovation initiierenden Unternehmung. (eigene Darstellung in Anlehnung an Pohl und Engel 2020)

sich rasch ändernden Kundenbedürfnisse und die schiere, unüberschaubare Komplexität des Geschäftsumfeldes, eine gewisse Notwendigkeit für wohldosierte und spezifisch angewendete Open Innovation.

5.3 Nachhaltigkeit

Die diversen Krisen der letzten Jahre führten zu einem Hinterfragen gewinnorientierter Unternehmensführung; „nachhaltiges" unternehmerisches Handeln geriet immer mehr in den Vordergrund. Das kurzfristige Denken weicht zunehmend einem längerfristigen Horizont.

Das Thema Nachhaltigkeit hat eine unternehmensexterne und eine unternehmens-interne Dimension. Bei der externen Nachhaltigkeit geht es um die ökonomischen und sozialen Lebensbedingungen, d. h. um die natürlichen Lebensgrundlagen und die Entfaltungschancen zukünftiger Generationen. Die interne Nachhaltigkeit zielt auf die langfristige Überlebenschance eines Unternehmens ab, worunter bspw. eine durchdachte Nachfolgestrategie fällt. Die nachfolgenden Unterkapitel bauen auf dieser Unterteilung in unternehmensexterne und unternehmensinterne Nachhaltigkeitsdimension auf.

Ein Unternehmen sollte eine langfristige Perspektive einnehmen, sei das in Bezug auf seine Produkte (bspw. Rezyklierbarkeit, Haltbarkeit, ökologische Produktion, „ökologischer Fußabdruck") oder auf seine soziale Verantwortung (Ausbildung des Nachwuchses). Hierfür benötigt man sowohl technische Voraussetzungen als auch – und dies ist der zentrale Punkt – den entsprechenden Managementwillen und das Engagement aller Beteiligten, auch über verschiedene Geografien und Niederlassungsgrenzen hinweg.

Der Einfluss etwa von ökologischen Maßnahmen auf das Unternehmensergebnis wird selten explizit erfasst oder in verschiedenen Niederlassungen untersucht. Dennoch ist offensichtlich, dass tiefere Kosten für Abfallentsorgung, reduzierter Wasserverbrauch, Wärmerückgewinnungsanlagen oder energiesparende Prozesse kostenmindernd wirken. Hohe Umweltstandards führen darüber hinaus zu tieferen ökologischen Risiken und senken damit die Versicherungsprämien. Der hohe immaterielle Reputationsgewinn verantwortungsbewusster Unternehmen letztlich sollte allen bewusst sein.

Das in diesem Buch beschriebene Governance-Modell liefert mit dem Systemmanagement, dem Integritätsmanagement, dem Anspruchsgruppenmanagement und dem Risikomanagement konkrete Faktoren als Grundlage für nachhaltige Unternehmen. Diese Faktoren können wie folgt zusammengefasst werden:

1. Verständnis der Nachhaltigkeitstreiber
2. Anspruchsgruppenunterstützung
3. Innere Nachhaltigkeit der Organisation.

Abb. 5.6 zeigt beispielhafte Einflussfaktoren der Inhaltsmodule, welche matrixartig die Nachhaltigkeit beeinflussen.

5.3.1 Verständnis der Nachhaltigkeitstreiber

Nachhaltigkeit basiert auf einem guten Kontext- bzw. Systemverständnis. Die Natur bspw. ist wichtiger Teil des Systems, in welchem sich die Unternehmung befindet. Mehrere Führungspraktiken des in diesem Buch vorgestellten Modells bieten eine wichtige (wenn auch nicht abschließende) Grundlage, Nachhaltigkeitstreiber zu verstehen:

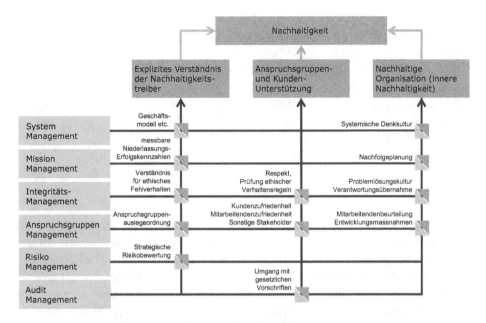

Abb. 5.6 Einfluss der Inhaltsmodule auf die Nachhaltigkeit

- Ein expliziertes, auf systemischem Denken und dem Verständnis von Abhängigkeiten und Verbindungen basierendes Geschäftsmodell enthält per-se Aspekte, welche die Nachhaltigkeit der Unternehmung fördern.
- Ein umfassendes Verständnis von Kernkompetenzen und Erfolgsfaktoren beinhaltet – bei verantwortungsbewussten Unternehmen – auch immer das Verständnis, inwiefern diese Kernkompetenzen nachhaltig, d. h. in Einklang mit Natur und Gesellschaft, sind.
- Ein unternehmensweites Verständnis der Folgen von für ethischem Fehlverhalten sichert die längerfristige Existenz in Einklang mit Erwartungen und Gesetzen und ist ebenfalls ein Nachhaltigkeitstreiber.
- Eine möglichst komplette Auslegeordnung aller Anspruchsgruppen zeigt auf, wo die Unternehmung nicht nachhaltig agiert.
- Ein umfassendes Risikomanagement, welches regelmäßig kritische Einflussgrößen aus dem Umfeld (Natur, Gesellschaft etc.) mitbedeutet und daraus Maßnahmen ableitet, fördert die Nachhaltigkeit einer Unternehmung.

Grundsätzlich ratsam für international tätige Unternehmen ist es, auf die Konsistenz ihrer Führungspraktiken zu achten. Allein die Existenz andauernder Governance Gaps schwächt die Organisation und schmälert ihre Fähigkeit, sich in einem dynamischen Umfeld erfolgreich zu bewegen.

> **Praxistipp: Regelmäßiges Risikomanagement – Nachhaltigkeitsziele in den Erfolgs-kennzahlen**
> Eine regelmäßige Risikobewertung unterstützt – falls in Mutterhaus und Nieder-lassungen umfassend durchgeführt – das Verständnis dafür, welche Faktoren die Nachhaltigkeit der Unternehmung gefährden könnten. Als Teil der Erfolgs-kennzahlen der Niederlassungen ist es auch möglich, Nachhaltigkeitsziele zu definieren, und diese entsprechend zu kontrollieren.

5.3.2   Anspruchsgruppenunterstützung

Die Unterstützung der Kunden, Mitarbeitenden und weiterer Anspruchsgruppen ist ein Gradmesser für Nachhaltigkeit. Kann ein Unternehmen auf Dauer die Erwartungen seiner Anspruchsgruppen nicht erfüllen, werden sich diese abwenden und anderen Unter-nehmen zuwenden. Probleme und Zusammenbrüche von Unternehmen können meist in der Form erklärt werden, dass das Unternehmen nicht mehr in der Lage war, Interessen relevanter Anspruchsgruppen ausreichend zu bedienen. Damit ist das Management der Anspruchsgruppen kritisch für den Erfolg und essenziell für die Nachhaltigkeit.

Neben den Kunden und Mitarbeitenden gibt es weitere wichtige Anspruchsgruppen, die mit Bedürfnissen an ein Unternehmen herantreten (s. Modul Anspruchsgruppen-management). Diese können je nach Subsidiary-Kontext sehr unterschiedlich sein. Ihre Identifikation ist zentral für ein Unternehmen. Bedürfnisse aus dem ökologischen, politischen, rechtlichen oder sozialen Bereich werden – neben den offensichtlichen, produktnahen Bedürfnissen der Kunden – durch eine intensive Anspruchsgruppenanalyse identifiziert.

Auf den Homepages zahlreicher Firmen finden sich Aussagen dazu, dass sie Ver-antwortung gegenüber der Umwelt, der Gesellschaft und ihren Anspruchsgruppen übernehmen. Zentral ist, dass diesen Worten auch Taten folgen – das Urteil aller Anspruchsgruppen entscheidet letztlich, wie nachhaltig eine Unternehmung unterwegs ist.

5.3.3   Innere Nachhaltigkeit der Organisation

Um äußere Nachhaltigkeit zu erreichen, bedarf es einer inneren Nachhaltigkeit – d. h. eine Organisation muss gewisse organisatorische Merkmale aufweisen, die sicherstellen, dass die Organisation als solche länger existieren kann und soll. Eine wichtige Voraus-setzung für ein internationales Unternehmen ist hierbei die Organisation der Nieder-lassungen und Partner: Wie sind die Strukturen und Prozesse gestaltet? Existiert bspw. eine aktive Nachfolgeplanung nicht nur im Mutterhaus sondern auch für Schlüssel-positionen in den Niederlassungen?

Die Aufmerksamkeit soll allerdings nicht nur den Schlüsselpersonen zukommen: Eine Organisation mit hoher Fluktuation ist primär mit sich selbst beschäftigt anstatt sich ihrem Auftrag widmen zu können. Eine niedrige Fluktuation erhöht die innere Nachhaltigkeit einer Organisation: Die Organisation wird getragen von den Mitarbeitenden. Dazu wirken Mitarbeiterbeurteilungen und Weiterentwicklungsmaßnahmen als unterstützendes Führungsinstrument (vgl. Anspruchsgruppenmanagement).

Eine nachhaltig agierende Organisation zeichnet sich auch aus durch die Fähigkeit, Probleme und Möglichkeiten frühzeitig und umfassend zu erkennen. Diese Lösungsorientierung wie auch die ebenfalls in den Grundlagemodulen besprochene systemische Denkkultur und die Neigung der Mitarbeitenden, gerne Verantwortung zu übernehmen, stellen eine wichtige innere Basis für Nachhaltigkeit dar.

5.4 Führung

Die Art und Weise, wie Niederlassungen und strategische Partner gesteuert und kontrolliert werden, erlaubt Rückschlüsse auf das Führungsverständnis und die Führungskultur. Verschiedene Faktoren aus dem Subsidiary Governance Modell ermöglichen konkrete Aussagen zur Art und Weise der Führung, insbesondere zu drei zentralen Führungsbereichen:

- Inwiefern wird Ganzheitlichkeit in der ganzen Firma als zentral angesehen und gefördert?
- Existiert so etwas wie „Führungskraft" oder Führungsstärke, sichtbar z. B. in vorbildhaftem Verhalten?
- Werden moderne Arbeitsweltstrategien und -konzepte zusammen mit den Mitarbeitenden definiert und umgesetzt?
- Wird die Gestaltung von Prozessen und Strukturen als Führungsaufgabe gelebt und deren Effektivität kontrolliert?

5.4.1 Ganzheitliches Verständnis

Während sich ganzheitliches Verständnis nicht diktieren lässt, ist es letztlich dennoch eine Führungsaufgabe, dieses als wichtig und langfristig überlebensnotwendig zu erkennen, einzufordern und entsprechend zu fördern. Dadurch wird auch die Führung selbst ganzheitlich.

Ganzheitliche Führung zeichnet sich u. a. dadurch aus, dass sich Führungskräfte der begrenzten Möglichkeiten der Einflussnahme auf interne wie externe Bereiche bewusst werden (vgl. Rüegg-Stürm 2003). Ganzheitliche Führung zeichnet sich dadurch aus, dass Spielräume (und ihre Grenzen) im System bewusst und gezielt angegangen werden. Konkret manifestiert sie sich in der Existenz eines expliziten Geschäftsmodells und darin, dass dieses als Teil eines größeren Systems mit beeinflussenden Gegebenheiten dargestellt und kommuniziert wird.

Ganzheitliche Führung ist sich der eigenen Organisationskultur bewusst und versteht die Gestaltung dieser Kultur als zentrale Führungsaufgabe. Weiteres Zeugnis eines ganzheitlichen Verständnisses ist das Thematisieren und Fördern systemischen Denkens durch die Führungskräfte. Dazu gehört die regelmäßige Überarbeitung der Anspruchsgru ppenauslegeordnung.

Am einfachsten identifizierbar ist ganzheitliches Verständnis – bzw. ob das Management ein solches fördert – im Kontext von Risikomanagement: Nicht ganzheitlich denkende Organisationen verwenden einen Standardrisikokatalog, ohne diesen zu hinterfragen. Ganzheitlich denkende Organisationen hingegen tasten das Umfeld der Unternehmung oder der Niederlassungen kontinuierlich auf neue Risiken ab – sie hinterfragen, wie gut und umfassend ihr eigener Risikokatalog wirklich ist.

5.4.2 Führungsstärke

Das Subsidiary Governance Modell erlaubt Aussagen dazu, ob in einer Unternehmung Führungsstärke existiert und ob diese auf den verschiedenen Stufen konsistent oder mit Divergenzen wahrgenommen wird.

Führungsstärke geht Hand in Hand mit dem Umsetzungswillen. Dies ist in internationalen Firmen einfacher gesagt als getan: Wie entdeckt das Mutterhaus, ob es in gewissen Niederlassungen systematische Führungsschwächen gibt, v. a. dann, wenn diese Niederlassungen in entfernten Geografien und Kulturen liegen? Verschiedene Bereiche aus dem Subsidiary Governance Modell zeigen, ob die Führung auf verschiedenen Stufen ihre Anliegen auch selbst vorlebt: Ist Systemmanagement wiederkehrend auf der Managementagenda zu finden? Wird Integritätsmanagement als fester Bestandteil – egal unter welchem Namen – in Führungsgespräche integriert? Ist ein umfassendes Anspruchsgruppenmanagement ein kontinuierlich thematisiertes Anliegen der Niederlassungsleitung?

Führungskraft wird dann demonstriert, wenn die für eine erfolgreiche Führung und Kontrolle wichtigen Themen wiederkehrend auf der Managementagenda sind. Bewusstsein für die sechs Themen der Grundlagenmodule ist ein sehr direkter Indikator.

5.4.3 Arbeitswelt 4.0

Die digitale Transformation (vgl. Abschn. 5.5) und die Corona-Pandemie treiben die interne Transformation von Unternehmen voran. Jedoch geschieht dies vielfach ohne den Einbezug der Mitarbeitenden und zu wenig ganzheitlich und methodisch

(Peter 2019). Im Zentrum stehen die drei Erfolgsfaktoren Führung und Mitarbeitende, Arbeitsumfeld und Technologieeinsatz. In der Dimension Führung und Mitarbeitende steht die Zusammenarbeit, Arbeitgebendenreputation sowie die Kompetenzentwicklung der Mitarbeitenden im Vordergrund. Die am dringendsten benötigten Mitarbeitendenkompetenzen in der Arbeitswelt 4.0 sind Lernfähigkeit, Veränderungsbereitschaft, Flexibilität sowie Teamorientierung und Kooperationsfähigkeit.

Im modernen Arbeitsumfeld ist das Bedürfnis nach flexiblen Arbeitszeiten und -orten wie z. B. dem Homeoffice und Mobile Working hoch. So entstehen neue Organisationsstrukturen (u. a. mit virtuellen Teams), Arbeitsformen und Arbeitszeitmodelle. Bei den Technologien unterstützen gezielte Hardware- und Software-Investitionen (z. B. in Kollaborationssoftware wie Microsoft Teams, Cloud-Plattformen und Online-Konferenzplattformen via Zoom) die Transformation in die Arbeitswelt 4.0. Über alle Dimensionen hinweg werden als primäre Treiber für neue Strategien und Konzepte der Innovationsdruck für Organisationen, der Bedarf nach einer besseren Kommunikation und das Erlangen von mehr Flexibilität, gefolgt vom Bedarf nach einer besseren Reputation der Arbeitgeberin/des Arbeitgebers und dem Bedarf nach einer kundenfreundlicheren Organisation genannt.

Um dies zu erreichen, erarbeiten Unternehmen ihre Arbeitswelt 4.0 unter Einbezug der Mitarbeitenden (vgl. Abb. 5.7), um ihre Bedürfnisse und Ideen für Optimierungen zu identifizieren. Gleichzeitig soll eine Balance zwischen den Bedürfnissen der Mitarbeitenden für mehr Flexibilität und dem Unternehmen für Stabilität und Führungskontrolle erreicht werden – und dies unter Berücksichtigung internationaler Besonderheiten und dem vielfach vorhandenen Wunsch nach gemeinsamer Identität/Kulturentwicklung im Unternehmen.

5.4.4 Organisation, Struktur und Kontrolle

Die Art und Weise, wie eine Unternehmung organisiert ist, erlaubt Rückschlüsse auf die Führung. Werden Strukturen und Prozesse – gerade bei international aufgestellten Organisationen – als Führungsaufgabe aktiv gestaltet oder sind sie „organisch" gewachsen und werden selten kritisch durchleuchtet und bewusst verbessert? Es geht nicht darum, unternehmensweit möglichst identische und standardisierte Prozesse zu haben; lokale Abweichungen oder Varianten machen durchaus Sinn. Aber Prozesse wie aktive Nachfolgeplanung, Qualifizierung von Schlüsselpersonen, Identifikation von Kundenkaufprozessen, Risikobewertungen oder Sicherstellung niederlassungsspezifischer Aufbauorganisationen sind exemplarische Hinweise dafür, wie stark die Führung die Organisation mitgestaltet und damit mittelbar zu Effizienz, Effektivität und guten Geschäftsresultaten beiträgt.

Führung und Mitarbeitende	Arbeitsumfeld	Technologien
Hinführung, Begleitung und Weiterbildung der Mitarbeitenden zu digitaler Mentalität. Dazu gehören kollaborationskonforme Denk-, Handlungs- und Arbeitsweisen, welche die Potenziale der technischen, räumlichen und menschlichen Gegebenheiten bestmöglich einbeziehen.	Gezielte räumliche Gestaltung und Ausstattung, abgestimmt auf den jeweiligen Arbeitscharakter (Arbeitsart/Einzelaufgaben/Teamwork) sorgen für verbesserte Arbeitsergebnisse (z. B. Effizienz, Effektivität, Innovationskraft, Verkaufserfolge).	Zeit- und ortsunabhängige Zusammenarbeit (Kollaboration) aller Beteiligten mit einer dem Menschen dienenden Technik. Dank dem Einsatz von zukunftsgerichteten Hilfsmitteln für die Informations- und Wissensarbeitenden lassen sich enorme Potenziale ausschöpfen.

Abb. 5.7 Erfolgsfaktoren der Arbeitswelt 4.0. (eigene Darstellung in Anlehnung an Krättli und Peter 2021)

5.5   Digitale Reife

Die digitale Reife beschreibt den Umsetzungsgrad der digitalen Transformation im Unternehmen. Die digitale Transformation ist eine strategische Initiative (im besten Fall im Kern der Unternehmensstrategie), welche das Ziel verfolgt, dass das Unternehmen seine Wettbewerbsstärke im digitalen Zeitalter beibehält bzw. weiter ausbauen kann (im Gegensatz zur fokussierten Digitalisierung, welche primär Prozesse automatisiert bzw. „digitalisiert"). Als strategische Initiative ist die digitale Transformation ein kundenorientierter Ansatz, bei dem mittels neuer Technologien und der Verwendung von Erkenntnissen aus Daten Leistungen erbracht werden, die intern mit optimierten Prozessen (und teilweiser Automation) erstellt werden. Eine solche Transformation setzt die aktive Führung und den Einbezug der Mitarbeitenden voraus (vgl. Abschn. 5.4.3 zur Arbeitswelt 4.0).

Für die Planung und Umsetzung der digitalen Transformation ergeben sich aus der Governance-Perspektive drei Kernfragen:

- Werden die aktuellen Managementthemen (Handlungsfelder) des digitalen Zeitalters in Strategien und Konzepten abgedeckt?
- Wie hoch ist die digitale Reife der Niederlassungen (und des Hauptsitzes) bezüglich der digital relevanten strategischen Themen und Fragen?
- Welche Defizite und Potenziale bestehen; und wie werden diese Lücken geschlossen und Möglichkeiten erschlossen?

5.5.1   Handlungsfelder der digitalen Transformation

Aufgrund einer Auswertung von über 4200 Transformationsprojekten bei 2590 Schweizer Unternehmen wurden die sieben Handlungsfelder der Digitalen Transformation identifiziert (Peter, Kraft und Lindeque 2020):

Customer Centricity – die konstante Kundenorientierung Unternehmen legen – im besten Fall als Ausgangspunkt für ihre Strategien – einen starken Fokus auf die Kundenorientierung (Customer Centricity), personalisierte Angebote und Kundenportale, unterstützt durch digitale Technologien/Kanäle und Kunden- sowie Produktdaten, die digitale, markt- und zielgruppengerechte Strategien ermöglichen (vgl. Abschn. 5.2.3 zu Open Innovation-Ansätzen).

New Technologies – Apps, Internet of Things/Industrie 4.0 und Cybersicherheit Die neuen Technologien werden je nach Branche und Marktleistung des Unternehmens unterschiedlich eingesetzt und beinhalten hauptsächlich technologische Plattformen, Apps und Software (mit Fokus auf Lösungen aus dem Enterprise Resource Planning (ERP) und für die Zusammenarbeit/Kommunikation mit Teams und Kunden). Viele Unternehmen investieren in die Cybersicherheit und testen die Anbindung an Industrie- und Konsumentenprodukte (Sensoren, Robotik) als Bestandteil der Industrie 4.0 bzw. des Internet of Things.

Cloud and Data – moderne IT-Infrastruktur und neue Erkenntnisse Die Kundenorientierung, die Entwicklung neuer Geschäftsmodelle und optimierter Prozesse sowie das digitale Marketing bedürfen aller Daten (Smart Data) und neuer Erkenntnisse, aufbauend auf Informationstechnologien (IT). Im Kern steht die integrierte bzw. vernetzte Datenbasis, welche mittels intelligenter Analyseverfahren zu neuem Wissen führt, um strategische Entscheidungen (in Echtzeit) zu treffen. Gleichzeitig ist der Bedarf nach flexibler und von überall her zugänglicher technologischer Infrastruktur hoch: Hier stehen Investitionen in die Cloud und webbasierte Lösungen auf der Prioritätenliste der Unternehmen.

Digital Business Development – neue Strategien und Geschäftsmodelle Die neuen Technologien treiben Unternehmen dazu an, bestehende Kompetenzen und Angebote zu hinterfragen, um die Wertschöpfungskette zu digitalisieren und neue Leistungen zu erbringen (vgl. Abschn. 4.1.1). Dabei werden neue Plattformen und Kanäle genutzt sowie Kooperationen mit den unterschiedlichsten Marktpartnern eingegangen, um innovative Geschäfts- und Ertragsmodelle zu entwickeln.

Process Engineering – optimierte Arbeitsabläufe und Automation Grundsätzlich sollen Prozesse standardisierter, schneller und effizienter gestaltet werden. Durch die

Automatisierung bzw. Digitalisierung der Prozesse können Teilaufgaben ohne Medienbrüche vernetzt werden, um so unter anderem das papierlose Büro zu schaffen und die Wertschöpfungskette zu optimieren. Im Zusammenhang mit agilen Methoden soll dies die Produktivität und Innovationsfähigkeit steigern und gleichzeitig eine höhere Transparenz schaffen.

Digital Leadership & Culture (Arbeitswelt 4.0) – neue Ansätze in Führung, Kultur und Arbeit Durch den digitalen Wandel wird ein Veränderungsprozess ausgelöst, der mittels Change Management zu einer Anpassung der Führungsgrundsätze im Unternehmen führt. Teil von Digital Leadership und Kultur sind Kreativität und Innovation, der digitale und mobile Arbeitsplatz sowie neue Organisationsformen und Technologien, um Wissen zu teilen sowie Teams zu führen, schulen und motivieren.

Digital Marketing – neue Plattformen und Kanäle Durch die Verfügbarkeit und Analyse von Kunden-, Produkt- und Absatzdaten sowie die Messbarkeit der Marketing- und Vertriebsaktivitäten wird ein System geschaffen, in dem die Marktaktivitäten laufend optimiert werden können. Zu den Aspekten des Digital Marketing (hierzu zählen auch Vertriebs- und Verkaufsaktivitäten) gehören (mobile) Online-Plattformen, das Content-Marketing, E-Commerce, Kommunikationskanäle wie Social Media, Online-Gemeinschaften (Communities) und Suchmaschinenmarketing, die Marketing-Automation sowie Video-Marketing. Alle hier genannten Teilbereiche (Marketing, Vertrieb, Verkauf und Service) können als Go-To-Market-Funktion zusammengefasst werden.

Diese sieben Handlungsfelder dienen als Orientierungshilfe, um (internationale) Strategien auf ihre Vollständigkeit hin zu überprüfen. Dabei wird auch sichergestellt, dass die Unternehmensleitung die aktuell zentralen Managementthemen diskutiert und die Potenziale der Digitalisierung und digitalen Transformation in Strategien und Konzepten aktiviert werden.

5.5.2 Reifegrad der wichtigsten digitalen, strategische Themen

In einer Folgestudie zur Strategieentwicklung im digitalen Zeitalter zur Planung und Umsetzung der digitalen Transformation (Peter 2021) wurde bestätigt, dass Unternehmen in den o. g. Handlungsfeldern Maßnahmen planen und umsetzen. Gleichzeitig wurden für jedes Handlungsfeld die wichtigsten fünf strategischen Maßnahmen aus der Grundlagenstudie zur digitalen Transformation abgefragt. 24 Maßnahmen und somit strategische Fragen (vgl. Abb. 5.8) für die Strategieerarbeitung im digitalen Zeitalter wurden im Durchschnitt mit einem Wert von 3.5 oder höher (auf einer Skala von 1 keine Maßnahmen umgesetzt bis 7 Maßnahmen voll und ganz umgesetzt) bewertet. Es wird deshalb empfohlen, mindestens diese Themen in jedem Strategieprozess zu berücksichtigen und im besten Fall in der Strategie zu definieren. Diese Managementthemen

Digital Business Development
1. Marktanalyse durchführen
2. Kernkompetenzen definieren
3. Geschäfts- und Preismodelle adaptieren
4. Markt-/Marketingpositionierung aktualisieren
5. Strategische Flexibilität sicherstellen
Customer Centricity
6. Kundenerwartungen identifizieren
7. Kundenerlebnisse definieren
8. Kunden-/Partnerbeziehungen nutzen
9. Neue Ideen und Produkte testen
New Technologies
10. Technologietrends identifizieren
11. Kommunikations-Technologien nutzen
12. IT-Sicherheitsmaßnahmen umsetzen
Data and Cloud
13. Strategische Daten nutzen
14. Datenmanagement/-qualität planen
15. Datenverfügbarkeit sicherstellen
Digital Leadership and Culture
16. Moderne Arbeitswelt definieren
17. Einheitliches Verständnis schaffen
18. Change-Prozess planen und umsetzen
19. Digital Skills entwickeln
Process Engineering
20. Arbeits-/Geschäftsprozesse optimieren
21. Prozess-Automatisierung nutzen
22. Transparenz mit Technologien schaffen
Digital Marketing
23. Digitale Kanäle entwickeln
24. Community aufbauen und pflegen

Abb. 5.8 24 strategische Themen für die Strategieentwicklung im digitalen Zeitalter und zur Messung der digitalen Reife

helfen auch, die digitale Reife im Hauptsitz und in den Niederlassungen zu bestimmen und so mögliche Defizite und weitere Potenziale zu identifizieren.

Praxistipp: Die digitale Reife mit dem Online-Strategiecheck messen
Mit dem kostenlosen Online-Strategiecheck auf www.digital-strategy-check.ch können die aus der Forschung validierten digitalen Themen für die Strategieentwicklung im eigenen Unternehmen gemessen werden, um die folgenden Fragen zu beantworten:

- Haben Sie die wichtigsten strategischen Fragen/Themen abgedeckt?
- Wie weit sind Sie mit Ihrer Transformation fortgeschritten?
- Wo liegt das (größte) Potenzial für Ihre Strategiearbeit?

5.5.3 Mit einer digitalen Roadmap Defizite reduzieren und Potenziale nutzen

Die regelmäßige Messung der digitalen Reife über alle Niederlassungen hinweg liefert einerseits weitere niederlassungsspezifische Erfolgskennzahlen. Gleichzeitig helfen die Resultate, aktiv den Dialog mit den Niederlassungen zu führen, um einerseits die Rolle des Hauptsitzes und der Notwendigkeit von Investitionen für die digitale Transformation zu bestimmen, und anderseits den Fortschritt und die Umsetzung in den Niederlassungen zu besprechen und Optimierungsmaßnahmen zu definieren. In den meisten Fällen ist die digitale Roadmap Bestandteil der Unternehmensstrategie, in einigen Unternehmen wird die digitale Roadmap in der IT-Strategie abgedeckt, in anderen als eigenständige digitale Strategie geführt.

5.6   Umsetzungsexzellenz

Operationelle Effizienz (besser, schneller, weniger verschwenderisch und damit leistungsstärker) sollte entlang der gesamten Wertschöpfungskette umgesetzt werden, also auch Lieferanten und Konsumenten miteinbeziehen. Höhere Effizienz bedeutet geringere Kosten und das Umsetzen der richtigen Dinge. Höherwertige Produkte, bessere Kundenbeziehungen und zufriedenere Konsumenten sind das Resultat.

Governance-Kodizes, Verhaltenskodizes oder Visionspapiere sind wertlos, wenn die Umsetzung bis in die untersten Ebenen der Subsidiaries nicht stattfindet. Umsetzungs-exzellenz wird geprägt vom Umsetzungswillen (auf Worte Taten folgen lassen), von der Umsetzungskompetenz und von der Verankerung der Exzellenz in einzelnen Führungs-prozessen – und dies bis auf Niederlassungsstufen. Die in Kap. 4 vorgestellten Grund-lagenmodule liefern drei zentrale Grundlagen:

1. Umsetzungswille
2. Umsetzungskompetenz
3. Umsetzungsexzellenz in konkreten Prozessen.

5.6.1 Umsetzungswille

Mit Umsetzungswille bezeichnen wir den grundsätzlichen Willen der Führungsebenen, Vorhaben und Pläne zu realisieren und mit Unwägbarkeiten zielstrebig umzugehen. Umsetzungswille ist nicht nur daran erkennbar, dass Projekte abgeschlossen werden. Eine Unternehmung, bei welcher die zu Beginn des Buches eingeführten Themen System, Anspruchsgruppen, Integrität, Risiko und Audit nicht nur einmal, sondern kontinuierlich auf der Traktandenliste verschiedener Hierarchiestufen (auch bei den Subsidiaries) stehen, zeigt Entschlossenheit zur Umsetzung und die nötige Ausdauer.

Umsetzung oder Durchführung bedeutet die Integration von Personalentwicklung, Strategie und operativer Planung zu einem einheitlichen Prozess. Eine leistungsfördernde, selbstkritische und dialogorientierte Unternehmenskultur ist hierfür eine wichtige Voraussetzung (Bossidy und Charan 2002).

5.6.2 Umsetzungskompetenz

Unter Umsetzungskompetenz versteht man die Fähigkeit, Ziele oder Vorhaben konsistent in Ergebnisse umzusetzen. Insbesondere in international operierenden Unternehmen ist es eine Herausforderung, Umsetzungskompetenz auch in entfernten Niederlassungen zu kontrollieren und zu fördern. Das hier vorgestellte Governance-Modell beinhaltet mehrere Parameter, die als Gradmesser dienen und damit auch aktiv für eine verbesserte Umsetzungskompetenz angegangen werden können.

Zum ersten bedarf es der Verantwortung: In umsetzungsstarken Unternehmen übernehmen Mitarbeitende und Führungskräfte gerne Verantwortung. Über unerwartete negative Konsequenzen kann offen gesprochen werden, und es wird daraus gelernt.

Der proaktive Umgang mit Risiken auf operativer Stufe ist ebenfalls Ausdruck einer gewollten Umsetzungskompetenz. In Prozessen eingebaute „Checks und Balances" sprechen für die Kompetenz, professionelle Umsetzung zu fördern.

Eine resultatorientierte Haltung ist letztlich auch an einer positiven Haltung gegenüber der Auditorganisation ersichtlich: Audits werden als geschäftsfördernd angesehen, weil sie letztlich – richtig eingesetzt – gute Resultate sicherstellen.

5.6.3 Umsetzungsexzellenz in konkreten Prozessen

Wie umsetzungsstark eine Unternehmung ist – auch über Landesgrenzen oder Mutterhausgrenzen hinaus – ist an der Existenz verschiedener Führungsprozesse feststellbar (Strategieumsetzungsprozess, Einsatz von Erfolgskennzahlen auf Niederlassungsstufe, Prozesse zur Überprüfung von ethischem Verhalten etc.).

Siebzig bis neunzig Prozent der Unternehmen scheitern bei der Strategieumsetzung (Horvath & Partner 2000). Dabei sind Unternehmen mit komplizierten Strukturen, geografischen und kulturellen Distanzen zwischen einzelnen Einheiten besonders gefährdet. Strategien lassen sich nur dann erfolgreich umsetzen, wenn sie sorgfältig geplant und konsequent kontrolliert werden (Bossidy und Charan 2002). Umsetzungsexzellenz bedarf eines adäquaten Transfers der Strategie auf die Niederlassungsstufe durch die oberste Führungsebene. Durch eine optimierte Subsidiary Governance entsteht ein stufenübergreifendes Strategieverständnis, bessere Abstimmungen führen zu weniger Schnittstellenverlusten und schnellere Rückkopplungen optimieren den Zeitbedarf von der Konzeption zur Umsetzung.

Die Existenz niederlassungsspezifischer Erfolgskennzahlen ist auch Ausdruck einer Umsetzungsexzellenz, sofern diese Kennzahlen vom Niederlassungsmanagement als sinnvoll anerkannt werden. Weitere Praktiken, die auf Umsetzungsexzellenz hindeuten, sind Systeme zur Prüfung ethischen Verhaltens oder Prozesse zur Erfassung der Mitarbeitenden- sowie der Kundenzufriedenheit inklusive darauf abgestimmter Korrekturmaßnahmen.

Take-Aways zu den sechs Subsidiary Governance Resultatsmodulen

- Wettbewerbsstärke misst die Reife zum Wissensstand/Verständnis der Wettbewerbstreiber, der Kundenorientierung, eines nachhaltigen Wettbewerbsverhaltens und einer proaktiven Kultur.
- Innovationsfähigkeit misst das Innovationsverständnis, das Kundenverständnis und die Innovationskultur.
- Nachhaltigkeit misst das eigene Verständnis der Nachhaltigkeitstreiber, den Grad der Anspruchsgruppenunterstützung und die Nachhaltigkeit der eigenen Organisation.
- Führung misst das Selbstverständnis und die Ganzheitlichkeit von Führung, die Führungsstärke sowie das Vorhandensein moderner Arbeitsweltstrategien und -konzepte.
- Digital Reife misst den Umsetzungsgrad der digitalen Transformation und seiner zentralen Handlungsfelder im Unternehmen.
- Umsetzungsexzellenz misst die drei Erfolgsfaktoren Umsetzungswille, Umsetzungskompetenz und Umsetzungsexzellenz in konkreten Prozessen.

Literatur

Bossidy L, Charan R (2002) Execution: The discipline of getting things done. Crown Business, New York

Chesbrough HW (2003) Open innovation – the new imperative for creating and profiting from technolgoy. Mass, Boston

Chesbrough HW, Crowther AK (2006) Beyond high tech: Early adopters of open innovation in other industries. R&D Management 36:229–236

Enkel E, Gassmann O, Chesbrough HW (2009) Open R&D and open innovation: Exploring the phenomenon. R&D Management 39:311–316

Gassmann O, Enkel E (2004) Towards a Theory of Open Innovation: Three Core Process Archetypes. O. O

Gassmann O, Enkel E (2006) Open Innovation – Die Öffnung des Innovationsprozesses erhöht das Innovationspotenzeial. Zeitschrift Führung+Organisation 75:132–138

Herstatt C, Nedon V (2014) Open Innovation – Eine Bestandesaufnahme aus Sicht der Forschung und Entwicklung. In: Schultz C, Hölze K (Hrsg) Motoren der Innovation. Springer Fachmedien, Wiesbaden, S 247–266

Horvath and Partner (2000) Balanced Scorecard umsetzen. Schaefer-Poeschel, Stuttgart

Krättli N, Peter, MK (2021) Arbeitswelt 4.0 – Das KMU der Zukunft: Führung, Arbeitsplatz-gestaltung und Technologieeinsatz im digitalen Zeitalter. Beobachter Edition & Handelszeitung, Zürich

Lichtenthaler U (2008) Open innovation in practice: An analysis of strategic approaches to technology transactions. Engineering Management IEEE Transactions on 55:148–157

Müller-Stewens G (2003) Strategisches Management. Wie strategische Initiativen zum Wandel führen. Der St. Galler General Management Navigator, 2 Aufl. Schäffer-Poeschel, Stuttgart

Peter MK (Hrsg) (2019) Arbeitswelt 4.0: Als KMU die Arbeitswelt der Zukunft erfolgreich gestalten. Forschungsresultate und Praxisleitfaden. FHNW Hochschule für Wirtschaft, Olten

Peter MK, Kraft C, Lindeque J (2020) Strategic action fields of digital transformation. An exploration of the strategic action fields of Swiss SMEs and large enterprises. J Strategy Manag 13(1):160–180. https://doi.org/10.1108/JSMA-05-2019-0070

Peter MK (Hrsg) (2021) Strategieentwicklung im digitalen Zeitalter: Planung und Umsetzung der Digitalen Transformation. Olten: FHNW Hochschule für Wirtschaft

Piller F, Möselin K, Ihl C, Reichenwald R (2017) Interaktive Wertschöpfung kompakt – Open Innovation, Individualisierung und neue Formen der Arbeitsteilung. Springer Gabler, Wiesbaden

Pohl A, Engel B (2020) Open Innovation. In: Kollmann T (Hrsg) Handbuch Digitale Wirtschaft. Springer Fachmedien, Wiesbaden, S 933–958

Rüegg-Stürm J (2003) Das neue St. Galler Management-Modell. Grundkategorien einer integrierten Managementlehre. Der HSG-Ansatz. Haupt, Bern

Schroll A, Mild A (2011) Open innovation models and the role of internal R&D: An empirical study on open innovation adoption in Europe. Eur J Innov Manag 14:475–495

Schwaferts D (2020) Digital Business Development – Die Agilität des digitalen Zeitalters managen. In: Gatziu Grivas S (Hrsg) Digital Business Development – Die Auswirkungen der Digitalisierung auf Geschäftsmodelle und Märkte. Springer Gabler, Berlin, S 5–25

Sprenger M, Böhrer N, Piazza D (2011) Von Zahnrädern und Zahnriemen. Kundenorientierung sinnvoll in Organisationen verankern. Zeitschrift für Organisation ZfO 3:154–160

Thom N (2006) Innovationsförderliche Ausrichtung von Führungsinstrumenten. Grundbausteine und ihre Anpassung an die Unternehmensgröße. In: Bruch H, Krummaker S, Vogel B (2006) Leadership – Best Practices und Trends. Gabler, Wiesbaden

van de Vrande V, de Jong JPJ, Vanhaverbeke W, de Rochemont M (2009) Open innovation in SMEs: Trends, motives and management challenges. Technovation 29:423–437

Verdi Vereinte Dienstleistungsgewerkschaft (2017) Ver.di-Innovationsbarometer 2017: Open Innovation – Interaktive Innovationsarbeit. Berlin, Deutschland. https://www.input-consulting.de/files/inpcon-DATA/download/2018_4_verdi-Innovationsbarometer2017.pdf. Zugegriffen: 15. Okt. 2021

Woolridge JR, Snow CW (1992) Stock market reaction to strategic investment decisions. Strateg Manag J 11:353–363

Subsidiary Governance: Fallbeispiel, Checkliste und Anwendungsarten

6

Subsidiary Governance baut nicht auf der grünen Wiese auf – viele international tätige Unternehmen sind in vielen der behandelten Themen bereits aktiv, auf gezielte oder teilweise auch zufällige Art und Weise. Das nachfolgende Kapitel soll Leserinnen und Leser aus der Praxis in der Anwendung des Subsidiary Governance Modells unterstützen. Dazu wird einleitend eine (reale) Fallstudie dargestellt. Eine Checkliste fasst die behandelten Bereiche oder Indikatoren zusammen und dient als Diskussionsgrundlage oder um Prioritäten zu setzen. Den Abschluss bilden verschiedene Szenarien (sogenannte Anwendungsarten), wie das Subsidiary Governance Modell sinnvoll in reale Führungsprozesse eingebettet werden kann.

6.1   Fallbeispiel Elektro AG, Freiburg[1]

Die mittelständische Unternehmung Elektro AG mit Hauptsitz in Freiburg ist seit Anfang des 20. Jahrhunderts erfolgreich tätig. Über mehrere Generationen hinweg wird das Unternehmen von der Familie Meier geführt. Für sie sind Werte und Nachhaltigkeit von fundamentaler Bedeutung. Der derzeitige CEO Christian Meier hat Betriebswirtschaftslehre studiert und sich im Bereich Corporate spezialisiert. Sein Vater vermittelte ihm seit frühester Kindheit traditionelle Managementgrundsätze. Meier ist derzeit verantwortlich für 2.400 Mitarbeitende, die in zwölf Ländern weltweit tätig sind. Die Elektro AG

---

[1] Das Fallbeispiel Elektro AG ist mit auf realen Gegebenheiten konstruiertes Beispiel. Es zeigt die Bandbreite möglicher Herausforderungen in der Führung internationaler Niederlassungen anekdotisch auf. Das Fallbeispiel beruht auf einer studentischen Arbeit von Andreas Arnet, Marko Djurdjevic, Ina-Maria Immel, Isabel Langer, Martin Recht, Juliane Sylupp und Kristina Toncheva.

© Der/die Autor(en) 2023

P. Renz et al., *Niederlassungen führen*, https://doi.org/10.1007/978-3-662-66203-8_6

hat Zweigniederlassungen in Deutschland, Frankreich, Italien, Schweiz, Rumänien, Griechenland, Bulgarien, China, Indien, Brasilien, Südkorea, Japan und den USA.

Seit nunmehr 2 Jahren stagniert der Umsatz in einigen Niederlassungen, obwohl der Konzern insgesamt seit 10 Jahren ein stetiges und stabiles Umsatzwachstum verzeichnen kann. Insbesondere die Zweigstellen Bulgarien, Griechenland und Rumänien fallen durch rückläufige Umsätze auf. Trotz zahlreicher Sitzungen mit den Geschäftsführern der Ländergesellschaften konnten die genauen Ursachen für diese Problematik bis zum heutigen Zeitpunkt noch nicht eruiert werden.

Vor 2 Wochen fiel Meier bei einer Werkbesichtigung in Brasilien auf, dass die bereits vor 2 Jahren beschlossenen Vorgaben zur Arbeitsplatzsicherheit nicht angewendet werden. Dabei war ihm dieses Anliegen äußerst wichtig, und er hatte die zehn neuen Richtlinien zur Arbeitsplatzsicherheit sogar eigenhändig verfasst. Das Management hatte lediglich die Aufgabe, die fertigen Richtlinien zu übernehmen und weiter zu delegieren. Entsprechend verärgert verlässt Meier das Werk und tritt seine Rückreise nach Freiburg an. Seine Assistentin beauftragt er mit der nochmaligen Versendung der Arbeitsplatzsicherheitsrichtlinien an die Geschäftsführer aller Niederlassungen sowie der Einberufung einer Krisensitzung zur aktuellen Umsatzlage Ende Monat.

Auf dem Heimflug erhält er einen überaus schlechten Bericht der Niederlassung in Bulgarien und entschließt sich, dieser ebenfalls einen Besuch abzustatten, um den Ursachen auf den Grund zu gehen. Während des Aufenthalts in Bulgarien fällt Meier die freundliche Ärztin auf, die fleißig Krankenbescheinigungen der Mitarbeitenden bearbeitet. Er fragt einige Angestellte vor Ort, was die Ärztin genau mache und was der Hintergrund ihrer Arbeit sei. Diese wissen nichts weiter über die Funktion und Notwendigkeit der Ärztin. Zurück in Freiburg verlangt er eine schriftliche Stellungnahme aus Bulgarien. Diese zeigt auf, dass die Ärztin lediglich mit einem Stempel bestätigt, dass die krankgeschriebenen Mitarbeitenden nicht zur Arbeit erschienen sind, ein Sachverhalt, der in sich offensichtlich ist. Der CEO möchte die Stelle der Ärztin nicht rücksichtslos wegrationalisieren. Er fragt sie deshalb direkt, ob ihre Dienstleistung nicht durch ärztliche Untersuchungen ergänzt werden könnte. Die Ärztin verneint dies freundlich, betont jedoch erneut, welch große Bedeutung der von ihr gesetzte Stempel angesichts der bulgarischen Rechtslage für die Gewährleistung einer reibungslosen Geschäftstätigkeit habe. Meier ist diese Rechtslage vollkommen neu, weshalb er skeptisch eine dort ansässige Kanzlei mit der Prüfung dieses Sachverhalts beauftragt. Die Kanzlei stellt fest, dass eine derartige Rechtsgrundlage, wie die Ärztin sie schilderte, in Bulgarien nicht existiert.

Ende Monat findet die einberufene Krisensitzung statt. Es fehlt der Geschäftsführer der Niederlassung Griechenland aufgrund eines Autounfalls. Der CEO ist empört, dass keine Vertretung zum Termin angereist ist. Innerhalb der Diskussion kommt die Frage auf, wer die Stellvertretung des Griechen innehabe. Schließlich müsse diese auch im Falle eines Ausscheidens oder Todes des Geschäftsführers die Nachfolge antreten. Es stellt sich heraus, dass keine der Zweigstellen über eine aktive Nachfolgeplanung verfügt.

Anschließend wird der Geschäftsgang besprochen. Die verschiedenen Geschäftsführer präsentieren, wie sie die Produkte der Elektro AG in ihren Märkten verkaufen. Dabei stellt sich heraus, dass das Geschäftsmodell nicht überall gleich funktioniert. In einigen Ländern wird v. a. über Berufsverbände von Architekten und Bauunternehmern gearbeitet. In anderen Ländern wird nur an wenige Großkunden verkauft. Meier ist ob der Vielzahl der Ansätze, die ihm wie Wildwuchs erscheinen, frustriert – seine Fragen zu einzelnen Marktgegebenheiten können die einzelnen Geschäftsführer meist nur mit Mühe beantworten. Er fragt sich, wie das Mutterhaus besser sicherstellen kann, dass die Mitarbeitenden der Niederlassungen ihre Märkte gut kennen, gleichzeitig aber auch immer wieder von anderen lernen können.

Wie an der Sitzung die neue Finanzsoftware besprochen wird, welche im Geschäftsjahr 2011 eingeführt wurde, erfährt Meier, dass die Niederlassung in Italien noch immer die alte Software verwendet. Infolgedessen wurde das Lager falsch bewertet, und Italien lieferte permanent Quartalszahlen ab, die deutlich über dem realen Wert lagen. Bei der für den Quartalsabschluss durchgeführten Kontrolle hätte dies den Mitarbeitenden auffallen sollen.

Am Ende der Sitzung wirft ein Mitglied der Geschäftsleitung die Frage in die Runde, ob jemand von dem Korruptionsskandal der Konkurrenz AG gehört habe. Dort hätte angeblich eine der Zweigniederlassungen systematisch geschmiert, um sich Aufträge zu verschaffen. Daraufhin antwortet der CEO: „Zum Glück fahren wir eine Null-Korruptionspolitik, die in unserem Verhaltenskodex auch entsprechend schriftlich festgehalten wurde." Der Geschäftsleiter der Zweigniederlassung Rumänien entgegnet jedoch, dass man diese Thematik etwas differenzierter betrachten müsste. Würden seine Mitarbeitenden in Rumänien die Prozesse nicht hin und wieder beschleunigen, wäre der Grundsatz der Elektro AG „Wir können immer liefern!" nicht realisierbar. Seine Mitarbeitenden befänden sich immer wieder in Dilemmas und wüssten manchmal nicht, wie sie reagieren sollen.

Die Krisensitzung endet mit vielen offenen Fragen.

Fragen zum Fallbeispiel Sie werden damit beauftragt die Sachlage zu analysieren und Lösungsvorschläge zu erarbeiten. Wie gelingt es Meier, seine Crew gezielter einzubinden und zu motivieren? Welche Themen oder Bereiche sollten vermehrt gefördert und kontrolliert werden? Welche konkreten Herausforderungen könnten wie angegangen werden?

Verwenden Sie als Grundlage für die Lösungserarbeitung das ganzheitliche Governance-Modell oder die Checkliste aus Abschn. 6.2.

Lösungsanregungen Das Fallbeispiel zeigt verschiedene Punkte, die eine mangelnde Konsistenz in der Steuerung von Niederlassungen und der Umsetzung vor Ort aufweisen. Sie werden nachfolgend als Umsetzungslücken oder Governance Gaps thematisiert.

1. Richtlinien zur Arbeitsplatzsicherheit: Meiers Wille, die Arbeitsplatzsicherheit in allen Niederlassungen zu erhöhen, ist vorbildlich. Allerdings wird sein Wille nicht (überall) richtig umgesetzt. Eine Vorgabe von oben existiert zwar, sie wurde aber entweder nicht richtig kommuniziert oder vor Ort nicht verstanden, oder das lokale Management zollt dieser Vorgabe wenig Wichtigkeit. Dieser Mangel würde durch ein systematisches, operatives Risikomanagement aufgedeckt. Es ist auch fraglich, ob nicht durch eine Risiko-Sensibilisierung (z. B. durch regelmäßige Trainings-programme) das Ziel besser erreicht würde. Auch das müsste von oben initiiert oder zumindest mitgetragen werden.

2. Ärztin in Bulgarien: Für die langjährigen Mitarbeitenden der Niederlassung ist die Aufgabe der Ärztin völlig normal und wird dementsprechend nicht hinterfragt. Die Mitarbeitenden betrachten den Prozess aufgrund von Betriebsblindheit als unumgänglich und rechtlich vorgeschrieben. Erst der Besuch des Geschäftsführers deckt den völlig unnötigen und kostenerzeugenden Prozess auf. Es fragt sich, ob das lokale Management die für Bulgarien wichtigen Regeln und daraus erwachsenden Abhängigkeiten, Verbindungen und Chancen nicht auf dem Radar hat. Ein kontinuierliches Systemmanagement könnte Abhilfe schaffen.

3. Geschäftsmodell, Förderung der Kenntnisse der lokalen Märkte: Die Diskussion zum mäßigen Geschäftsgang zeigt, dass das Geschäftsmodell nicht überall gleich funktioniert. Das ist per se nicht erstaunlich. Erstaunlich ist, dass die Unterschiedlichkeit nicht bekannt ist, nicht thematisiert wird und nicht als Ideenquelle dient, wovon die Niederlassungsleiter gezielt lernen. Es fragt sich auch, inwiefern überhaupt ein explizites unternehmensweites Geschäftsmodell existiert. Meier könnte seine Führungsmannschaft im Systemmanagement schulen und damit die Basis legen, um Erfolge, Misserfolge und Potenziale in den einzelnen Märkten viel gezielter diskutieren zu können. So entstehen gezielte Marktkenntnisse und Meier erkennt – nicht erst bei schlechtem Geschäftsgang – ob seine Niederlassungen nahe an den Märkten sind oder nicht.

4. Stellvertreterregelung und Nachfolgeplanung: Ein gutes Mission Management verlangt, dass Personalentscheide wie Qualifizierung von Schlüsselpersonen und Nachfolgeplanungen aktiv angegangen werden. Je kleiner die Unternehmung, desto schwieriger und auch unrealistischer ist es, eine lückenlose Stellvertreterregelung einzuführen. Meier und seine Mannschaft sollten sich aber einig sein, wie und mit welchen Personen wichtige Personalausfälle abgedeckt würden.

5. Umgang mit Schmiergeldern – Verhaltenskodex: Der Verhaltenskodex scheint nicht überall befolgt zu werden, ein System zur regelmäßigen Prüfung der ethischen Verhaltensregeln fehlt. Nicht alle Geschäftsleiter scheinen die Nulltoleranzvorgabe des Mutterhauses mitzutragen. Meier sollte dringend den Umgang mit Schmiergeldern thematisieren. Dabei geht es darum, einerseits klare Regeln aufzustellen (Verhaltenskodex) und andererseits die Mitarbeitenden zu schulen, was ethisches Fehlverhalten heißt und inwiefern ein solches Fehlverhalten der Unternehmung langfristig schadet.

6. Falsche Lagerbewertung in Italien. Das Beispiel zeigt gleich drei Governance Gaps: erstens müsste die Gefahr von falschen Lagerbewertungen in der Konsolidierung über das Risikomanagement bekannt sein, vorausgesetzt ein Risikomanagement existiert und ist aktualisiert. Zweitens hat niemand die erst teilweise Implementierung der neuen Software zurückgemeldet. Implikationen hätten möglicherweise angegangen werden können, z. B. durch manuelle Korrekturen der Lagerbewertungen. Und letztlich gibt es Gaps zwischen den Digitalisierungsfortschritten (der digitalen Reife) am Hauptsitz und in der Niederlassung.

Aus Sicht von Subsidiary Governance scheint Meier nicht genügend Steuerungsparameter zur Führung und Kontrolle seiner Niederlassung zu nutzen. Die Elektro AG sollte periodisch überprüfen, ob die Indikatoren guter Subsidiary Governance irgendwie abgedeckt sind. Deren Inhalte sollten als Teil der Managementmeetings immer wieder thematisiert werden. Dabei ist ein reiner Top-Down Ansatz wenig förderlich – die Organisation wird zu wenig befähigt; im Idealfall erarbeiten die Führungskräfte gemeinsam, wer auf welcher Stufe welchen Beitrag für jeden Indikator leistet. So entsteht eine schlagkräftige und konsistente Organisation.

6.2 Indikatoren guter Subsidiary Governance: Eine Checkliste

Gute Subsidiary Governance, also Steuerung und Kontrolle von Niederlassungen und strategischen Partnern, zeichnet sich aus durch eine Abdeckung aller geschäftsrelevanten Themen und eine nachvollziehbare, konsistente Umsetzung entlang der Managementhierarchie. Die untenstehende Checkliste zeigt exemplarisch drei Führungsstufen (Abb. 6.1).

6.3 Praktische Umsetzung: Einbindung im Führungszyklus

Um den individuellen Organisationsformen und Strategien von Unternehmen gerecht zu werden, kann das Subsidiary Governance Modell in unterschiedlichen unternehmensspezifischen Gegebenheiten angewendet werden. Ob dabei auf Unterstützung von außen zurückgegriffen wird (bspw. mit Organisationsassessments und Benchmarks, Renz 2012) oder nicht, eine Verankerung in Führungsprozessen oder einem Führungszyklus ist unabdingbar. Die Verankerung wird selbst Ausdruck von Führungsstärke und Umsetzungsexzellenz!

Nachfolgend werden vier Beispiele dargestellt, die bereits in der Praxis erprobt wurden (Leisibach 2011). Diesen Beispielen gemeinsam ist die konkrete Einbindung in einen Führungsrhythmus. Alle Beispiele gehen von sogenannten Self-Assessments aus. Dies kann durch einfache Thematisierung des Subsidiary Governance Modells erfolgen, mit Hilfe der im Abschn. 6.2 vorgestellten Checkliste oder mit Hilfe der aus dem Projekt

	BOARD fördert und fördert	GL & SUBSIDIARY MANAGEMENT schlägt vor und führt	OPERATION führt aus, speist zurück
SYSTEMMANAGEMENT			
Existenz eines explizierten und erklärbaren Geschäftsmodells		■	
Bewusstsein und Optimierung von Abhängigkeiten und Verbindungen		■	
Bewusstsein und Optimierung der Erfolgstreiber und Kernkompetenzen		■	
Existenz einer systemischen Denkkultur		■	
Existenz systemischer Prozesse		■	
Führung und Kontinuität im Systemmanagement durch Fordern und Fördern systemischen Denkens	■		
MISSION MANAGEMENT			
Existenz einer niederlassungsspezifischen Strategie/Taktik und deren periodische Überprüfung		■	
Messbare Niederlassungs-Erfolgskennziffern, die kontrolliert/überwacht werden		■	
Existenz und Umsetzung einer Aufbau- und Ablauforganisation der Niederlassung		■	
Existenz und Umsetzung einer Aufbau- und Ablauforganisation der Niederlassungsaufsicht		■	
Einsatz und Qualifizierung der Schlüsselpersonen		■	
Aktive Nachfolgeplanung		■	
Bewusstsein der eigenen Kultur und Wahrnehmen von Kultur als Führungsaufgabe		■	
INTEGRITÄTSMANAGEMENT			
Existenz einer Problemlösungskultur		■	
Verantwortungsübernahme		■	
Gegenseitiger Respekt		■	
Verständnis für ethisches Fehlverhalten		■	
Existenz eines Systems zur regelmäßigen Prüfung ethischer Verhaltensregeln		■	
Führung und Kontinuität im Integritätsmanagement über das Vorleben einer Respekt- und Problemlösungskultur durch die Führungskräfte		■	
ANSPRUCHSGRUPPEN MANAGEMENT			
Existenz einer Anspruchsgruppen-Auslegeordnung		■	
Identifikation der Kunden, des Beeinflussungs- und Kaufprozesses		■	
Existenz eines proaktiven, strukturierten, zielgerichteten Verkaufsprozesses, der gemessen wird		■	
Messen der Kundenzufriedenheit, Diskussion und Umsetzung der Korrekturmaßnahmen		■	
Messen der Mitarbeiterzufriedenheit, Diskussion und Umsetzung von Korrekturmaßnahmen		■	
Mitarbeiterbeurteilung, Qualifikationsgespräch, Mitarbeiterentwicklungsmaßnahmen		■	
Identifikation und Berücksichtigung der sonstigen Anspruchsgruppen		■	
Führung und Kontinuität im Anspruchsgruppenmanagement durch das Institutionalisieren und Führen eines Anspruchsgruppenverständnisses in der gesamten Organisation		■	
RISIKOMANAGEMENT			
Existenz eines ganzheitlichen Risikoverständnisses		■	
Regelmäßige strategische Risikobewertung inkl. abgeleiteter Maßnahmen und Verantwortlichkeiten		■	
Risikoschulungsprogramme zur Sensibilisierung / Förderung des Risikobewusstseins		■	
Managen der Risiken auf operativer Stufe		■	
Führung und Kontinuität im Risikomanagement durch Fördern einer konstruktiven Risikokultur und effektive Risikoüberwachung und -steuerung		■	
AUDIT MANAGEMENT			
Verständnis der Auditorganisation und -kultur		■	
Festlegung von Ausrichtung und Umfang des Audits sowie regelmäßiges Prüfen dessen Professionalität, Integrität und Unabhängigkeit		■	
Einhaltung gesetzlicher Vorschriften		■	

Abb. 6.1 Checkliste

entstandenen Online-Software (vgl. www.niederlassungen.ch). Allen Vorgehensweisen gemeinsam ist eine selbstmotivierte und kritische Auseinandersetzung mit der eigenen Subsidiary Governance Reife; dergestalt wird sie zum normalen Führungstraktandum.

6.3.1 Anwendung 1: Nach Regionen

Die Self-Assessments pro Region eignen sich für Unternehmen mit einer sehr großen Anzahl Länderniederlassungen und mit regionaler Führungsorganisation. Ein Rhythmus von bspw. 3 Jahren erlaubt, nachhaltige Veränderungen einzufordern. Diese Anwendung erlaubt darüber hinaus den Vergleich zwischen Regionen (Abb. 6.2).

6.3.2 Anwendung 2: Nach Profitcenter

Das Self-Assessment kann auf Profitcenter-Ebene durchgeführt werden. Dies ermöglicht der Unternehmensführung, die Profitcenter unabhängig voneinander zu beurteilen und miteinander zu vergleichen. Diese Anwendung erlaubt es, die häufig autonom agierenden Profitcenter bezüglich operativer Umsetzung der definierten Strategie zu überwachen. Empfehlenswert ist, dass die Assessments vor jährlichen Management Reviews stattfinden, um danach Stärken und allfällige Arbeitsfelder in die Strategiearbeit einfließen zu lassen (Abb. 6.3).

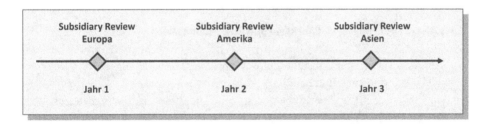

Abb. 6.2 Anwendung nach Region

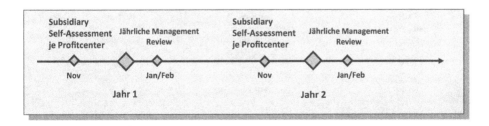

Abb. 6.3 Anwendung nach Profitcenter

6.3.3   Anwendung 3: Kombination mit anderen Managementinstrumenten

Das Self-Assessment lässt sich in der Anwendung respektive in der Verwertung der Analyseergebnisse mit weiteren Managementinstrumenten kombinieren. Abb. 6.4 zeigt eine Anbindung an die im Konsumgüterbereich verbreiteten BSCI Audits (Business Social Compliance Initiative). Die Resultate aus dem Assessment können beispielsweise für Entwicklungsgespräche mit den entsprechenden Niederlassungen oder Partnern genutzt werden. Die Abbildung weist auch auf eine weitere innovative Idee hin, nämlich das Subsidiary Governance Modell und entsprechende Checklisten oder Self-Assemements auch mit strategischen Partnern zu verwenden. Insbesondere kleine Unternehmen arbeiten oft mit strategischen Zulieferanten sehr eng zusammen. Die in diesem Buch besprochenen Aspekte guter Führung und Kontrolle von Niederlassungen lassen sich auch auf die Führung und Kontrolle strategischer Partner übertragen (Abb. 6.4).

6.3.4   Anwendung 4: Integration in Strategieentwicklungsprozess

Das Self-Assessment lässt sich in einen jährlichen Strategieprozess einer Unternehmung eingliedern. Die Ergebnisse aus der Analyse und Beurteilung der Niederlassungen und Partnerschaften dienen als Grundlage für den Strategieentwicklungsprozess. Die verdeckten Risiken und ungenutzten Potenziale sind bedeutende Einflussgrößen bei der Strategieentwicklung (Abb. 6.5).

Take Aways aus Fallbeispiel, Checkliste und Anwendungsarten

- Self-Assessments der Subsidiary Governance werden in der Regel nach Region und/oder Profitcenter durchgeführt.
- Sie finden statt in Zusammenarbeit mit strategischen Partnern (z. B. in Zusammenhang mit industriespezifischen Audits) oder im Rahmen des jährlichen Strategieentwicklungsprozesses.

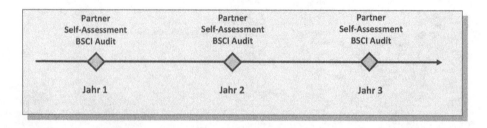

Abb. 6.4 Anwendung in Kombination mit anderen Managementinstrumenten

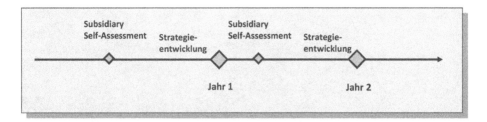

Abb. 6.5 Anwendung als Teil des Strategiefindungsprozess

Literatur

Leisibach B (2011) Governance von ausländischen Niederlassungen (Subsidiary Governance) – Marketingkonzeption eines innovativen Managementtools. Masterarbeit: Hochschule Luzern – Wirtschaft

Renz P (2012) Organisationsassessments und –benchmarks. In: Jung S, Hoebel T, Friedrichs S (Hrsg) Governance consulting: Theorie und Praxis von Beratung in sozialen Netzwerken

CPSIA information can be obtained
at www.ICGtesting.com
Printed in the USA
LVHW051922041222
734548LV00002B/103

9 783662 662021